♣ 영어의 글자와 발음

A a	[ei]	에이	N n	[en]	엔
B b	[bi:]	비	O o	[ou]	오우
C c	[si:]	시	P p	[pi:]	피
D d	[di:]	디	Q q	[kju:]	큐
E e	[i:]	이	R r	[ɑ:/ɑə´]	아르
F f	[ef]	에프	S s	[es]	에스
G g	[dʒi:]	지	T t	[ti:]	티
H h	[eitʃ]	에이취	U u	[ju:]	유
I i	[ai]	아이	V v	[vi:]	브이
J j	[dʒei]	제이	W w	[dʌblju:]	더블유
K k	[kei]	케이	X x	[eks]	엑스
L l	[el]	엘	Y y	[wai]	와이
M m	[em]	엠	Z z	[zed/zi:]	제트

●우리는 영어를 배우면서, 항상 영문법 (英文法) 이 어렵다고 생각한다. 물론 쉽지만은 않은 학문임에 틀림없다. 그러나 한 가지 분명한 것은, '그 근본을 알면 한결 쉬워진다' 는 점이다.

초보자도 쉽게 배울 수 있는!!

기초 5個國語 會話

眞話堂 編輯部 編

- ●英語/獨語/佛語/日本語/中國語
- ●5個國語 기초문법 해설
- ●5個國語 회화의 실제

太乙出版社

♣ 독일어의 글자와 발음

A	a	[ˀaː]	아아	N	n	[ˀɛn]	엔	
B	b	[beː]	베에	O	o	[ˀoː]	오오	
C	c	[tseː]	체에	P	p	[peː]	페에	
D	d	[deː]	데에	Q	q	[kuː]	쿠우	
E	e	[ˀeː]	에에	R	r	[ˀɛr]	에르	
F	f	[ˀɛf]	에프	S	s	[ˀɛs]	에스	
G	g	[geː]	게에	T	t	[teː]	테에	
H	h	[haː]	하아	U	u	[ˀuː]	우우	
I	i	[ˀiː]	이이	V	v	[fau]	파우	
J	j	[jɔt]	요트	W	w	[vː]	베에	
K	k	[kaː]	카아	X	x	[ˀiks]	익스	
L	l	[ˀɛl]	엘	Y	y	[ˈypsilɔn]	윕살론	
M	m	[ˀɛm]	엠	Z	z	[tsɛt]	체트	

● 독일의 글자는 16세기 초에 생기었다. 그러나 현재는 거의 쓰이지 않고 유럽 여러 나라에서 공통으로 쓰이고 있는 '로마자(字)'를 사용하고 있다. 그러나 글자는 로마자이지만 발음은 독특하다.

♧ 불란서어의 글자와 발음

A a	[a]	아	N n	[εn]	엔
B b	[be]	베	O o	[o]	오
C c	[se]	세	P p	[pe]	뻬
D d	[de]	데	Q q	[ky]	큐
E e	[e]	에	R r	[ε:r]	에에르
F f	[εf]	에프	S s	[εs]	에쓰
G g	[ʒe]	제	T t	[te]	떼
H h	[aʃ]	아슈	U u	[y]	유
I i	[i]	이	V v	[ve]	붸
J j	[ʒi]	지	W w	[dublə've]	두불붸
K k	[ka]	까	X x	[iks]	익쓰
L l	[εl]	엘	Y y	[i'grεk]	이그렉그
M m	[εm]	엠	Z z	[zed]	제드

●불어에는 악센트가 없다. 단지 기분상 마지막 음을 살짝 드는 정도에 그친다. 언뜻 보면 애매모호한 발음처럼 보이지만 사실은 영어보다도 더 명확하고 뚜렷한 발음이라는 것을 기억해야 한다.

♣ 일본어의 글자와 발음

あ 아 ア	い 이 イ	う 우 ウ	え 에 エ	お 오 オ
か 가 カ	き 기 キ	く 구 ク	け 게 ケ	こ 고 コ
さ 사 サ	し 시 シ	す 수 ス	せ 세 セ	そ 소 ソ
た 다 タ	ち 찌 チ	つ 쓰 ッ	て 데 テ	と 도 ト
な 나 ナ	に 니 ニ	ぬ 누 ヌ	ね 네 ネ	の 노 ノ
は 하 ハ	ひ 히 ヒ	ふ 후 フ	へ 헤 ヘ	ほ 호 ホ
ま 마 マ	み 미 ミ	む 무 ム	め 메 メ	も 모 モ
や 야 ヤ	い 이 イ	ゆ 유 ユ	え 에 エ	よ 요 ヨ
ら 라 ラ	り 리 リ	る 루 ル	れ 레 レ	ろ 로 ロ
わ 와 ワ	ゐ 이 ヰ	う 우 ウ	ゑ 에 ヱ	を 오 ヲ
				ん 응 ン

기초 5個國語會話

◇ 英語·獨語·佛語·日本語·中國語 ◇

編輯部 編

도서출판 **진화당**

첫머리에

누구든지 잘할 수 있읍니다

대부분의 사람들은 외국어에 대해 일종의 공포심마저 가지고 있읍니다. 제아무리 노력해도 내 것으로 만들 수 없는 난공불락의 요새와도 같은 외국어, 요모조모로 제아무리 뜯어보아도 골칫덩어리인 외국어, 괜히 얄미워지기까지 하는 이 외국어를 어떻게 좀 해볼 방법은 없을까요?

물론 좋은 방법이 있읍니다. 아주 멋진 방법이 있읍니다. 이제 여러분은 외국어의 공포로부터 해방될 수가 있읍니다. 여러분은 아주 멋지게 난공불락의 요새인 외국어를 정복하여 여러분 자신의 전유물로 만들 수가 있읍니다.

과연 그 멋진 비결은 무엇일까요?

이 기막힌 비결을 공개하기 전에 먼저 여러분이 준비하여야 할 사항이 있읍니다. 아주 간단한 것입니다. 아주 쉬운 것 세 가지입니다. 지금 바로 준비하시기 바랍니다.

첫째, '할 수 있다'는 신념을 가지십시오. 외국어는 쉽습니다.

둘째, 기초 문법을 철저히 이해하십시오. 외국어는 쉽습니다.

세째, 날마다 반복하십시오. 외국어는 쉽습니다.

이제 이상과 같은 준비가 다 갖추어 졌으면 곧장 이 책의 다음 페이지를 넘기십시오. 그리고 '제 1 장'을 세 번만 정독하십시오. 그런 다음에 '제 2 장'의 실제 회화편을 반복 연습하십시오.

이 책을 열심히 읽어 나가는 동안에 여러분은 이 책 속의 어딘가에 쓰여져 있는 '외국어를 아주 쉽게 정복하는 비결'을 발견할 수 있을 것입니다. 지금 당장 시작해 보십시오. 외국어는 참으로 쉽습니다.

앞으로 외국어는 꼭 필요합니다

급진적인 문명의 발달은 세계를 날로 좁아지게 하고 있읍니다. 예전에는 '외국인' 하면 아주 이색적인 인종으로만 바라보았읍니다. 그러나 오늘날에는 외국인도 '함께 걸어가는 지구촌(地球村)의 동반자'로 새롭게 인식되어 가고 있읍니다.

폐쇄적인 사회에는 결코 발전이 있을 수 없다는 것이 오늘날 모든 사람들의 지론입니다. 그래서 세계의 모든 나라들이 다투어 문호를 개방하고,

다른 나라의 정보를 입수하기 위해 치열한 경쟁을 벌입니다.

이제 우리도 세계의 무대로 힘차게 뻗어 나아가야 할 때가 온 것입니다. 다른 나라와 정보를 교환하고, 또한 경쟁에서 이기기 위해서는 무엇보다도 먼저 다른 나라의 언어에 익숙해야 합니다. 따라서 외국어에 능숙하지 못한 사람은 앞으로 크게 성공하기 힘들 것입니다. 자신의 성공을 위해서, 또한 국가와 민족의 앞날을 위해서 외국어는 꼭 배우지 않으면 안될 필요한 언어라고 할 수 있겠읍니다.

5개국어 정도는 알아야 합니다

지금까지는 영어만 잘하면 다른 외국어는 그다지 알아야 할 필요성을 느끼지 못했었읍니다. 그러나 국제정세의 변화와 다수 강대국의 영향력 행사의 변모로 국제공용어가 확대되어 가고 있읍니다.

이에 따라 앞으로는 영어 이외에도 독어, 불어, 일본어, 중국어 정도는 익혀 두어야만 합니다. 특히 우리나라는 '86아시안 게임'과 '88서울 올림픽' 개최로 말미암아 외국인과 접촉할 수 있는 기회를 많이 가질 수 있게 되었읍니다. 우리나라를 방문하는 외국인들에게 보다 좋은 인상을 심어 주기 위해서는 그 나라 사람들과 대화가 가능할 수 있는 몇 마디의 외국어 회화라도 알고 있어야 하겠읍니다.

이번에 폐사에서 '기초 5 개국어 회화'책을 펴내게 된 이유는 바로 그런 뜻에서 입니다.

아무쪼록 이 책으로 말미암아 여러분의 회화 실력이 다소라도 향상될 수 있기를 바라마지 않으며, 아울러 외국어에 대한 공포증으로부터 해방될 수 있기를 기원합니다.

편 자 씀

차　례 *

제 1 장

5개국어 회화를 위한

기초 문법

● 이 장에서는 영어 · 독어 · 불어 · 일어 · 중국어 등의 5 개국어 회화를 배우기 전에 필수적으로 알아 두어야 할 기초 문법을 다루었다. 초보자도 이해하기 쉽도록 내용을 체계적으로 간략하게 해설하였다. 실제로 회화를 익히기 전에 우선 기초 문법에 관한 공부를 철저히 해두는 것이 외국어 정복의 지름길이 될 것이다.

기초 영어 문법

1. 낱말과 글 (Words and Sentences)

　글자(文字 ; a, b, c, d, e……등) 그 자체에는 별 의미가 없지만, 이것이 몇 개 모이면 어떤 의미를 나타내게 된다. 이것을 낱말(單語 ; word)이라고 한다. I 는 글자인 동시에 아울러 낱말도 될 수 있다. I 는 알파벳의 9번째 글자이지만, '나(1인칭)'라는 낱말도 된다. 그러나 am이란 낱말과 boy란 낱말은 각각 a, m과 b, o, y란 글자가 합해져서 am과 boy란 낱말을 이룬다.

　또, I am a school boy(아이 엠 어 스쿨보이)란 예문을 놓고 생각해 보자. 이 글(文章)에서는 I, am, a, schoolboy란 4개의 낱말이 합해져서 하나의 완전한 의미를 형성하고 있다. 글자로 구성된 낱말이 일정한 순서로 배열되어 하나의 글을 이루고 있는 것이다. 우리말로 옮기면 '나는 (한 사람의) 학생이다'란 완전한 뜻이 된다.

　또 하나의 예를 들자면, Little birds sing merrily(리틀 버어즈 씽 메러리)란 글은 little, birds, sing, merrily 등의 단순한 낱말이 모여져서 일정한 순서로 배열되어 '작은 새들이 즐겁게 노래한다'라는 완전한 뜻을 나타내고 있다. 이 글에서 'little birds(리틀 버어즈 ; 작은 새들)'와 같이 어떤 글의 사상적인 중심이 되는 주제(主題)를 주부(主部 ; subject)라고 하고, 'sing merrily(씽 메러리 : 즐겁게 노래한다)'와 같이 주부에 관하여 설명을 해주는 부분을 술부(述部 ; P-redicate)라고 한다.

이와 같이 두 개 또는는 두 개 이상의 낱말이 어떤 일정한 순서에 따라 배열되어져서 하나의 완전한 뜻을 나타내는 것을 '글(Sentence)'이라고 한다. 따라서 글에는 '주부＋술부'의 관계가 성립됨을 알 수 있다.

2. 주부와 술부(Subject and Predicate)

우리가 사용하는 모든 글은 그 주제가 되는 부분인 주부(主部)와 그 주제에 대하여 설명을 해 주는 술부(述部)로 나누어져 있다. 우리 말의 구조를 보면 대강 '～은(는), ～이, ～가……이다(하다)'의 모양으로 되어 있다. 여기서 '～은(는), ～이, ～가'의 토가 붙는 부분까지가 주부이고, '～이다', ～'～하다'의 설명부분이 술부이다.

3. 팔품사(八品詞)

영어를 보다 쉽게 배우기 위해서는 우선 기초 문법에 능숙해야 한다. 영어의 경우, 낱말을 글 가운데에서의 뜻과 그 구실에 따라서 여덟 가지의 문법적인 용어로 나눌 수가 있다. 이것을 '팔품사(the Eight Parts of Speech)'라고 한다.

팔품사에 대해 간단히 설명하자면 다음과 같다.

① **명사**(Noun)

유형(有形) 또는 무형(無形)의 사물의 이름을 나타내는 말이다.

명사에는 주로 물건의 이름, 사람의 이름, 장소의 이름, 물질의 이름, 집합체의 이름, 무형(無形)의 관

넘에 붙인 이름들이 있다. 예를 들면,

    Walls have ears.
    (벽에도 귀가 있다.)
    Seoul is the capital of Korea.
    (서울은 한국의 수도이다.)
    Knowledge is power.
    (아는 것이 힘이다.)
    My family is a large one.
    (내 가족은 대가족이다.)
    Blood is thicker than water.
    (피는 물 보다도 진하다.)

이상과 같은 글에서 명사는 Walls, ears, Seoul, capital, Korea, Knowledge, power, family, Blood, water 등의 낱말이다.

② 대명사 (Pronoun)

명사 대신에 쓰는 말을 대명사(代名詞)라고 한다. 예를 들면,

    This ia a camera.
    (이것은 카메라이다.)
    It is a book.
    (그것은 책이다.)
    I am fond of him.
    (나는 그를 좋아한다.)

등의 글에서 this, it, I, him 따위의 낱말이 대명사에 속한다. 사람이나 사물의 이름 대신에 쓰이는 말이 대명사라고 기억해 두면 좋을 것이다.

③ 동사 (Verb)

사물의 동작이나 상태를 나타내는 말을 동사(動詞)

라고 한다.

    The early bird catches the worm.

    (일찍 일어나는 새가 벌레를 잡는다.)

    You are as brave as a lion.

    (당신은 사자처럼 용감하다.)

이상과 같은 예문에서 살펴 볼 때 윗 문장은 동작을 나타내고 있으며, 아래 문장은 상태를 나타내고 있다. 따라서 'catches(잡는다)'와 'are(~하다)'가 동사이다.

④ 형용사 (Adjective)

명사와 대명사를 꾸며주는 말을 형용사(形容詞) 라고 한다.

    There are many buses in Seoul.

    (서울에는 버스가 많이 있다.)

    You are very kind.

    (당신은 매우 친절하다.)

이상의 예문에서 살펴보면, many는 명사인 bus(es)를 수식해 주고 있으며, kind는 주어 부분인 대명사 You를 수식해 주고 있다.

a(an), the 등의 낱말도 형용사의 일종이지만, 이를 특히 관사(Article)라고 일컫기도 한다.

⑤ 부사 (Adverb)

동사나 형용사, 또는 다른 부사를 수식해주는 말을 부사(副詞)라고 한다.

    He speaks English well.

    (그는 영어를 잘 말한다.)

    Your are a very kind boy.

    (너는 퍽 친절한 소년이다.)

I speak English very well.

(나는 영어를 매우 잘 말한다.)

이상의 세 문장에서 살펴보면, 첫번째 문장에서는 well이라는 부사가 Speaks라는 동사를 수식해주고 있으며, 두번째 문장에서는 very라는 부사가 kind라는 형용사를 수식해주고 있다. 또한 세번째 문장에서는 very라는 부사가 well이라는 다른 부사를 수식해주고 있다.

⑥ 전치사 (Preposition)

명사 혹은 대명사 앞에 놓여져서, 그 문장에서 명사 혹은 대명사가 다른 말과 어떤 관계를 가지고 있는지를 나타내주는 말을 전치사라고 한다.

We didn't go to school yesterday.

(우리들은 어제 학교에 가지 않았다.)

I get up at six every morning.

(나는 날마다 아침 여섯 시에 일어난다.)

이상의 예문에서 to는 go와 school과의 관계를 나타내주고 있으며, at는 get up과 six와의 관계를 뚜렷하게 해 주고 있다.

⑦ 접속사 (Conjunction)

어떤 낱말과 낱말, 또는 구(句)와 구(句), 절(節)과 절(節)을 이어주는 역할을 하는데 쓰여지는 말이 바로 접속사이다.

He and I are brothers.

(그와 나는 형제이다.)

Is it on the table or under it?

(그것은 테이블 위에 있느냐, 또는 밑에 있느냐?)

I will go, if I have time.

(시간이 있으면, 나는 갈 것이다.)

위의 예문에서, and는 낱말인 He와 I를 접속해 주고 있으며, or는 구(句)인 on the table과 under it을 이어주고 있다. 또한 if는 절(節)인 I will go와 I have time을 이어주고 있다.

⑧ 감탄사 (Interjection)

감탄사는 글자 그대로 슬픔과 놀람 등의 감정을 나타내는데 쓰이는 '탄성'의 말이다. 따라서 감탄사는 문장 가운데의 어떤 낱말과도 그다지 연관을 갖고 있지 않다. 다만 탄성을 표시함으로 인해서 뒤에 오는 문장을 조금 더 강력하게 해 주기도 한다.

Ah, we are very poor !

(아 ! 우리는 무척 가난하도다.)

Oh, how pleased I am to see you again !

(오 ! 나는 너를 또 만나니 기쁘구나.)

위의 예문에서 보는 바와 같이 Ah나 Oh와 같은 감탄사가 빠진다 해도 문장의 뜻은 변함이 없다.

4. 우리말과는 다른 영어의 어순 (語順)

우리가 영어에 대해 어렵게 느껴지는 가장 큰 요인은 바로 어순(語順)의 차이 때문이다.

가령, '나는 날마다 학교에 간다'는 말을 영어로 나타내면 'I go to school every day.' 라고 해야 된다. 여기서 낱말 하나 하나를 세분해서 우리말로 순서를 가려보면 '나는, 간다, 학교에, 날마다'와 같이 된다. 만약 영어의 낱말을 우리말처럼 배열하면 어떻게 될까. 'I, every day, to school, go'처럼 엉터리 영어가 되고 만다

그러므로 영어를 쓰려면 먼저 일정한 순서에 따라 낱말을 배열해야 한다. 우리말과는 달리 영어에서는 주어와 동사가 가장 중요하다. 따라서 주어를 제일 먼저 쓰고, 그 다음에 동사를 쓴다. 말하자면, 주어와 동사만 있으면 일단 '말(言語)'은 성립하게 된다. 그러므로 영어는 가장 중요한 순서대로 낱말을 배열한다는 것을 기억해 두어야 할 것이다.

5. 영어의 문법은 과연 어려운 것인가?

우리는 영어를 배우면서, 항상 영문법(英文法)이 어렵다고 생각한다. 물론 쉽지만은 않은 학문임에 틀림없다.

그러나 한 가지 분명한 것은, '그 근본을 알면 한결 쉬워진다'는 점이다.

먼저 알파벳을 충분히 익히고, 그 다음에는 팔품사를 철저히 이해하고 아울러 글의 구성 요소를 세밀히 분석해서 공부해 나간다면 자기도 모르는 사이에 영어 실력이 부쩍 늘게 될 것이다.

기초 독일어 문법

1. 독일어에 대하여

　독일 글자는 16세기 초에 생기었는데 현재는　거의 쓰이지 않고 유럽 여러 나라에 공통인「로마字」를 사용하고 있으므로 여기에서는「로마자」를 사용하여 발음을 설명하기로 한다.

① 3개의 변모음 글자

　　Ä ä 〔′ˀa:′ˀumlaut〕(아아·우믈라우트)
　　Ö ö 〔′ˀo:′ˀumlaut〕(오오·우믈라우트)
　　Ü ü 〔′ˀu:′ˀumlaut〕(우우·우믈라우트)

　타이프라이터 등에서 이 글자가 없을 때 Ä, ä 대신으로는 Ae, ae로 치고 Ö, ö 대신에는 Oe, oe로 치고, Ü, ü 대신에는 Ue, ue로 치기로 되어 있다.

② 독일 글자의 독특한 합자 활자 (合字活字)

　독일 글자에는 두 개씩의 글자가 합쳐서 하나로 된 활자가 있다.

　　ch〔′tse:′ha:〕(체에·하아)
　　ch〔′tse:′ka:〕(체에·카아)
　　〔′ɛs′tsɛt〕(에스·체트) (s와 z와의 合字)
　　tz〔′te:′tsɛt〕(테어·체트)

　※ 대문자로 시작하는 것은 명사다. 그 외에는　모두 소문자로 시작한다.

2. 독일어의 발음

□ 모음(母音)의 발음

① a e i o u의 발음

a[a] (아)　　[a:] (아아)　　　　o[ɔ] (오)　　[o:] (오오)

e[ɛ] (에)　　[e:] (에에)　　　　u[u] (우)　　[u:] (우우)

i[i] (이)　　[i:] (이이)

모음에는 각각 길고 짧은 두 개의 발음이 있다. 긴 소리의 [아아] 「에에」 「이이」 「오오」 「우우」는 우리 말 발음과 같다. 짧은 소리의 「아」도 우리말의 「아」와 같다. 그런데 짧은 소리의 「에」 「이」 「오」 「우」는 모두 긴 소리의 것 보다도 입을 더 넓게 벌리어 발음한다.

Fall[fal]　Mann[man]　Kraft[kraft]　Gas[ga:s]
Bar[ba:r]

※ ie도 [이이] [i:]로 발음한다. 아주 가벼운 「이」다.

　Brief[bri:f]　lieben[ˈli:bən]　Kiefer[ˈki:fər]

② ä, ö, ü, y의 발음

ä[ɛ] (에)　　　　[ɛ:] (에에)

ö[œ] (외)　　　　[ɸ:] (외외)

ü</br>y } [Y] (위)　　[y:] (위이)

Umlaut는 변모음(變母音)이란 뜻이다. 즉 입모양은 각각 a, o, u를 발음할 때와 같은 넓이를 가지고 내는 소리만 변한다.

ä[ɛ]…짧은 소리 a[a]의 입모양을 하고 [아]가 아닌 「에」를 발음한다.

Ä[ɛ:]…긴 소리 a[a:]의 입모양을 하고 「아아」가 아닌 「에에」를 발음한다.

Ö〔œ〕…짧은 소리 o〔ɔ〕만큼, 즉 우리말의 「오」보다 입을 더 벌리고 「오」가 아닌 「외」를 발음한다.

ö〔φ:〕…긴 소리의 o〔o:〕, 즉 우리말의 「오오」와 같은 정도로 너무 넓지 않게 입을 벌리고 「오오」 대신 「에에」를 발음한다.

ü〔Y〕… 짧은 소리 u〔u〕의 입모양, 즉 우리말의 「우」보다 더 벌리고 입술을 동그랗게 하고 「우」가 아닌 「이」를 발음한다.

ü〔y:〕… 긴 소리 u〔u:〕, 즉 우리말의 「우우」와 같은 입모양을 하고 「우우」가 아닌 「이이」를 발음한다.

③ 복모음(複母音)의 발음

ei｝〔aɪ〕 (아이)　a〔au〕 (아우)　eu｝〔ɔy〕 (오위)
ai｝　　　　　　　　　　　　äu｝

Partei〔por′tai〕　　neun〔nɔyn〕　　Papagei〔papa′gai〕
Räuber〔rɔybər〕　　Eis〔′ais〕　　Käufer〔′kɔyfər〕
nein〔nain〕

④ 후두폐쇄음(喉頭閉鎖音)〔ʔ〕에 대하여

Art〔ʔa:rt〕, Aal〔ʔa:l〕, Erde〔′ʔe:rde〕, Oft〔ʔɔft〕, ändern〔′ʔɛndərn〕 등 모음으로 시작하는 단어는 모두 그 음표문자의 모음앞에 〔ʔ〕한 기호가 붙어 있다. 이 기호는 「후두폐쇄음」을 나타낸다. 모음으로 시작하는 발음에는 모두 발음하기 전 「목」을 닫고 목구멍에서 일단 숨을 죽였다가, 갑자기 터트리는 숨과 함께 모음을 발음하므로, 모음 직전에 일종의 숨소리가 들린다. 이것이 후두폐쇄음이다.

□ **자음의 발음**

① b, d, g의 발음

b는 우리말 「바」「비」「부」 등의 첫소리 「ㅂ」〔b〕
이고, d는 우리말 「다」「데」「도」의 첫소리 「ㄷ」〔d〕
이고, g는 우리말 「가」「게」「고」의 첫소리 「ㄱ」〔g〕
이다. 단 g〔g〕는 콧소리를 섞지 않은 「ㄱ」이다. 즉 b,
d, g는 「유성자음(有聲子音)」이다. 그러나 b, d, g가 음
절 끝에 있을 때, 또는 음절 끝 자음군(群)들 중에 있
을 때엔 p, t, k와 같이 「무성자음(無聲子音)」으로 발
음한다.

  Dieb〔di:p〕　　halb〔halp〕　　Herbst〔hɛrpst〕

  ② ch〔x〕와 ch〔ç〕

  ch〔x〕→Bach〔bax〕 (바흐)　Nacht〔naxt〕(나흐트)

  ch〔ç〕→Chemie〔çe′mi:〕 (혜미이)

　　　　Becher〔′bɛçər〕 (베혀르)

※ -ig가 단어 끝 또는 자음 앞에 있으면

　〔iç〕(이히)로 발음한다.

　König〔′kɸ:nɪç〕 (쾨외니히)

　billig〔′bɪlɪç〕 (빌리히)

  ③ chs〔ks〕와 X〔ks〕

이것들은 둘다 무성 자음으로서 「크스」가 된다. 영
어처럼 〔gz〕(그즈)란 유성자음으로 되는 법은 없다.

  Ochs〔′ɔks〕 (옥스)　　　　boxen〔′bɔksən〕 (복선)

  Achsel〔″aksəl〕 (악설)　　Luxus〔luksus〕 (룩수스)

  Ochsen〔″ɔksən〕 (옥선)　　Axt〔′akst〕 (악스트)

  ④ j〔j〕의 발음

j는 우리말 글자 「ㅑ」「ㅕ」「ㅛ」의 첫 「ㅣ」소리다.

  Japaner〔ja′pa:nər〕 (야파아너르)

  Juli〔′ju:li:〕 (유울리이)

  ⑤ Kn〔kn〕과 gn〔gn〕의 발음

  Knie〔kni:〕 (크니이)　Magnet〔ma′gne:t〕 (마그네에트)

Knabe[ˈknaːbə] (크나아버)
regnen[ˈreːgnən] (레에그년)
Knospe[ˈknɔspə] (크노스퍼)
Gnade[ˈgnaːdə] (그나아더)
⑥ n[n]과 ng[ŋ]과 nk[ŋk]의 발음
jung[juŋ] (융)　　　　trinken[ˈtriŋkən] (트링컨)
Lunge[luŋə] (룽어)　　Onkel[ˈʔɔŋkəl] (옹켈)
Hering[ˈheːriŋ] (헤에링) Denker[ˈdɛŋkər] (뎅커르)
⑦ f[f]와 v[f] – pf[pf]의 발음
Vater[ˈfaːtər] (파아터르)　Nerv[nɛrf] (네르프)
Vogl[ˈfoːgəl] (포오걸)　　Larve[ˈlarfə] (라르퍼)
Vers[fɛrs] (페르스)　Motiv[moˈtiːf] (모티이프)
pf는 p와 f를 동시에 발음한다.
Kopf[kɔpf] (곱흐)　　　　Pfeil[pfail] (프파일)
⑧ v[v] (ㅂ), w [v] (ㅂ), qu[kv] (ㅋㅂ)의 발음
Klavier[klaˈviːr] (클라비이르)
November[noˈvɛmbər] (노벰버르)
Winter[ˈvintər] (빈터르)
Löwe[ˈlɸːvə] (뢰외버)
Quantität[kvantiˈtɛːt] (크반티테에트)
Quote(ˈkvoːtə) (크보오터)
⑨ s[z, s]와 ss[s]와 ß [s]의 발음
ss는 모음 사이에 끼어서 바로 앞모음이 짧은 소리
일 때에만 쓴다. ß도 무성자음[s] (ㅆ)이지만, ss를 쓸
조건이 갖춰지지 않을 때에 ss 대신으로 쓰는 것이 ß
다. 타이프라이터 등에서 ß란 글자가 없을 때에는 sz
이 아니고 ss로 치기로 되어 있다.
Fassade[faˈsaːdə] (파싸아더)
besser[ˈbɛsər] (벳써르)

Fluß[ˈflus] (플룻쓰)

Fuß[fuːs] (푸우쓰)

Muße[ˈmuːsə] (무우써)

⑩ sch[ʃ], sp[ʃp], st[ʃt]의 발음

Schnee[ʃneː] (쉬네에) Schwein[ʃvain] (쉬바인)

Mensch[mɛnʃ] (멘쉬) Schmied[ʃmiːt] (쉬미이트)

Schule[ˈʃuːlə] (쉬우울러) schrie[ʃriː] (쉬리이)

Spanne[ˈʃpanə] (쉬판너)

⑪ tsch[tʃ] (취)의 발음

Peitsche[ˈpaitʃə] (파이춰)

Tscheche[ˈtʃɛçə] (췌혀)

⑫ z, tz, ts, ds는 모두 무성자음 [ts] (츠) (혹은 「쯔」로도 들림)

Arzenei[ˀartsəˈnai] (아르처나이)

Netz[nɛts] (넷츠)

Stets[ʃteːts] (쉬테에츠)

hundsmüde[ˈhuntsˈmyːdə] (훈츠뮈위더)

⑬ 외래어의 tia, tie, tio, tiu는 「치아」, 「치에」, 「치오」, 「치우」로 발음한다. 「치」가 「찌」로 들리기도 한다.

Initiale[ˀi·ni·tsiˈaːlə] (이니치아알러)

Patient[pa·tsiˈɛnt] (파치엔트)

Nation[na·tsióːn] (나치오온)

3. 동사의 규칙적인 현재 인칭 변화

부 정 형　lernen「배우다」　ˈlɛrnən	
s. (단 수)	pl. (복 수)
나는　ich lerne	우리는　Wir lernen

제 1 인칭	배운다 〔ʾiç ˈlɛrnə〕 이히 레르너	배운다 〔vi:r ˈlɛrnən〕 비이르 레르넌
(친한) 제 2 인칭	너는　du lernst 배운다 〔du: lɛrnst〕 두우 레른스트	너희들은 ihr lernt 배운다 〔ʾi:r ˈlɛrnt〕 이이르 레른트
제 3 인칭	그는　　er 배운다 〔ʾɛr〕 에르 그여자는 sie ⎫ lernt 배운다 〔zi:〕⎬ 〔ɛrnt〕 지이 ⎭ 레른트 그것은　es 배운다〔ʾɛs〕 에스	그들은　Sie lernen 배운다 〔zi: ˈlɛrnən〕 지이 레르너
(높인) 제 2 인칭	당신은　Sie lernen 배운다 〔zi: ˈlɛrnən〕 지이 레르넌	당신들은 Sie lernen 배운다 〔zi: ˈlɛrnən〕 지이 레르넌

이것은 가장 많이 보이는 규칙적인 어미이니, 똑똑히 외울 것. 위 표에서는 lernen을 예로 들었는데 lehren, Schreiben도 꼭 같은 어미로 된다. 또 ich lerne, du lernst의 lerne, lernst처럼 주어가 정해진 동사의 형을 「정형－定形」또는 「정동사－定動詞」라고 한다. Wir lernen, Sie lernen, Sie lernen의 lernen은 우연히 부정형과 같으나 이것도 정형이다.

4. 명사의 성

독일어의 명사에는 모두 「성－性」이란 것이 있어서, 어떤 명사든지 남성명사나 여성명사나 중성명사나 어느 것에 속한다. Mann은 남성, Frau는 여성, kind는 중성이다. -e로 끝나는 명사는 여성이 많다.

　　die Sonne(태양)　　　　die Schule(학교)

-m로 끝나는 명사는 대개 남성이다.

　　der Turm(탑)　　　　der Baum(나무)

5. 관사와 명사의 격변화

	m.	f.	n.	pl.
一격	der (ein) —	die (eine) —	das (ein)	die—
二격	des (eines) -〔e〕s*	der (einer) —	des (eines) -〔e〕s*	der—
三격	dem (einem) -〔e〕*	der (einer) —	dem (einem) -〔e〕*	den-n**
四격	den (einen)	die (eine) —	das (ein) —	die—

　m.은 남성, f.는 여성, n.는 중성, pl.은 복수의 약호(略號)이다.

주의…① -er, -el, -en으로 끝나는 남성, 중성명사는 二격에 -s만을 붙이고, 三격에 -e를 안붙인다. (윗표*)

　　　② 복수명사의 三격에는 -n을 붙인다.** (단, Eltern처럼 처음부터 -n으로 끝나는 것은 그대로)

　die, der 등은 정관사이며 ein, eines 등은 부정관사로서 영어의 a, an이나 마찬가지이다.

一격	der Vater	아버지가
二격	des Vaters (X Vateres)	아버지의
三격	dem Vater (X Vatere)	아버지에
四격	den Vater	아버지를

주의…왜 X의 꼴을 안쓰는가 하면 예를 들면 Vateres〔ˈfɑːtərəs〕라든가 Vatere〔ˈfɑːtərə〕라고 하면, 악센트가 없는 약음(弱音)의 e〔ə〕를 포함하는 음절이 둘 계속되어 발음이 느려지기 때문이다.

6. 정관사류의 격변화

	m.	f.	n.	pl.
一격	dies jen　}-er jed	dies jen　}-e jed	dies jen　}-es jed	dies jen　}-e

	m.	f.	n.	pl.
二격	dies jen } -es jed	dies jen } -er jed	dies jen } -es jed	dies jen } -e
三격	dies jen } -em jed	dies jen } -er jed	dies jen } -em jed	dies jen } -en
四격	dies jen } -en jed	dies jen } -e jed	dies jen } -es jed	dies jen } -e

dieser→영어의 this, jener→that, jeder→each, every. 따라서 jeder 복수서는 쓰이지 않으므로 윗표에도 복수의 난에는 빼었다.

〔例〕

〈m. 남성〉

dieser Mann	이 남자가	dieses Mann	이 남자의
diesem Mann	이 남자에	diesen Mann	이 남자를

〈f. 여성〉

jene Frau	저 여자가	jener Frau	저 여자의
jener Frau	저 여자에	jene Frau	저 여자를

〈n. 중성〉

jedes kind	각 아이가	jedes kind	각 아이의
jedem kind	각 아이에	jedes kind	각 아이를

〈pl. 복수〉

diese Eltern	이 부모가	dieser Eltern	이 부모의
diesen Eltern	이 부모에	diese Eltern	이 부모를

7. 부정관사류의 격변화

〔부정관사류＝① ein ② kein ③ 소유형용사〕			
m.	f.	n.	pl.
—— ·	—— e.	—— ·	—— e
—— es	—— er	—— es	—— er
—— em	—— er	—— em	—— en
—— en	—— e	—— ·	—— e

42

※ ein은 복수에는 안 쓴다. unser와 euer는 그대로
  는 또 격어미를 가지지 않는다는 것을 주의하라.
  〈m. 남성〉
unser·(euer·)   Lehrer   우리의 (너희의) 선생이
unseres(eueres) Lehrers   우리의 (너희의) 선생의
unserem(euerem) Lehrer   우리의 (너희의) 선생에
unseren(eueren) Lehrer   우리의 (너희의) 선생을
  〈f. 여성〉
unsere(euere)   Schule   우리의 (너희의) 학교가
unserer(euerer)   Schule   우리의 (너희의) 학교의

unserer(euerer)   Schule   우리의 (너희의) 학교에
unsere(euere)   Schule   우리의 (너희의) 학교를
  〈n. 중성〉
unser·(euer·)   Haus   우리의 (너희의) 집이
unseres(eueres)   Hauses   우리의 (너희의) 집의
unserem(euerem)   Haus〔e〕 우리의 (너희의) 집에
unser·(euer·)   Haus   우리의 (너희의) 집을
  〈pl. 복수〉
unsere(euere)   Eltern   우리의 (너희의) 부모가
unserer(euerer)   Eltern   우리의 (너희의) 부모의
unseren(eueren)   Eltern   우리의 (너희의) 부모에
unsere(euere)   Eltern   우리의 (너희의) 부모를

  끝으로 독일어를 2,3년씩 해도 잘 안된다든가 번
역은 그럭저럭 해도 말하기와 독작문은 안된다는 사
람들의 가장 큰 이유가 되는 「형용사의 격변화」에 대
해 표를 제시함과 아울러 예문을 들겠다.

8. 형용사의 강 변화

m.	f.	n.	pl.
guter Mann	gute Frau	gutes Kind	gute Leute
guten Mann[e]s	guter Frau	guten Kind[e]s	guter Leute
gutem Mann[e]	guter Frau	gutem Kind[e]	guten Leute
guten Mann	gute Frau	gutes Kind	gute Leute

　이것이 형용사 앞에 정관사류도 없고 부정관사류도 없을 경우에 되는 형용사의 격변화다. 형용사의 어미가 다음에 오는 명사의 성과 격을 아주 분명하게 드러내므로 「강변화」라고 한다.

9. 형용사의 약 변화

m.	f.	n.	pl.
der gute—	die gute—	das gute—	die guten—
des guten-[e]s	der guten—	des guten-[e]s	der guten—
dem guten-[e]	der guten—	dem guten—	den guten-n
den guten—	die gute—	das gute—	die guten—

　이것은 형용사 앞에 정관사가 붙은 때의 격 변화다 (—는 명사를 나타냄). 형용사의 어미가 아주 간단하므로 「약변화」라고 한다. 그런데 이 약변화는 정관사가 붙은 형용사 뿐 아니라 「정관사류 다음에 있는 형용사」도 약변화를 한다.

　정관사류에는　dieser 「이」

　　　　　　　　jener 「저」

　　　　　　　　jeder 「각각의」

　　　　　　　　aller 「모든」

　　　　　　　　mancher 「상당히 많은」

　　　　　　　　Solcher 「그런」

　　　　　　　　welcher 「어느편의」

등에 속해 있다.

10. 형용사의 혼합 변화

m.	f.	n.	pl.
ein guter—	eine gute—	ein gutes—	Keine guten
eines guten〔e〕s	einer guten—	eines guten〔e〕s	Keiner guten
einem guten〔e〕	einer guten—	einem guten〔e〕	Keinen gutenn
einen guten—	eine gute—	ein gutes—	Keine guten

　부정관사 ein… 복수 명사에는 붙지 않으니까 윗표 중에서 복수명사에는 부정관사 kein을 붙였다. 「부정관사류(ein, kein 및 소유형용사) 다음에 오는 형용사」는 혼합변화를 한다.

　그런데 부정관사류의 격 변화는 남성ㅡ격, 중성ㅡ격, 四격에 격어미가 없는 것이 정관사류와 다른 것이니 다음에 오는 형용사의 격변화도 이 세 곳(윗표·가 있는 자리)만이 약변화와 다르고 이 세 곳의 형용사는 강변화와 같은 격 어미로 된다. 그러니까 「혼합변화」라고 하는 것이다.

　따라서 여성과 복수에 있어서의 형용사는 약변화도 혼합변화도 구별이 없다. 즉 여성과 복수는 형용사 앞에 정관사가 있건 부정관사가 있건 형용사는 약변화를 한다.

기초 프랑스어 문법

1. 발음에 대한 일반적인 주의 사항

외국어를 종이 위에서 배운다는 것은 어렵고 불합리하다. 물론 외국인의 발음을 직접 듣고 모방하는 것이 최선의 방법임은 말할 것도 없다. 그러나 그러기 위해서는 역시 기본적인 이론의 뒷받침이 확실히 필요하다.

불어를 배우려는 우리나라 사람들에게는 다소의 영어지식이 있다. 이 영어지식이 불어를 배움에 있어 대개는 쓸모있지만 발음에 관한 한 소용이 없다는 점을 기억해 두어야 한다.

그리고 불어에는 악센트가 없다. 단지 기분상 마지막 음을 살짝 드는 정도에 그친다. 또한 영어의 경우처럼 하나의 발음에서 다른 발음으로 변할 때 음이 부드럽게 미끄러져 가지 않는다. 즉 애매모호한 발음이 아니라 명확하고도 뚜렷한 발음임을 기억해야 한다. 이상의 기본적 상식을 가지고 임해야 하겠다.

2. 음표문자와 한글

프랑스어 알파벹도 영어와 같이 26문자로 성립되고 여기에 음부가 더해진 모음, 자음자가 있어 총 36문자 가량이다. 그런데 불어음은 최소 37개가 있다.

불어에는 불어 특유의 음표문자(표네틱사인)가 있어 특히 한글로 표현할 수가 없어 발음에 극히 유의해야 한다.

불어는 몇몇 예외를 제외하고는 대개의 경우 스펠링에 따라 발음하면 된다. 마지막 자음은 발음을 생략할 수도 있다.

(왼쪽으로부터 음표문자, 음표문자의 우리나라식 표기, 그 음표문자의 실례, 발음기호, 우리말 표기, 실제 그 발음이 나는 알파벹 등으로 나누었다.

:	(ㅡ)	장음을 표시		
a	(아)	patte, part [pat, pa:r]	(빠드, 빠알)	a.
a	(아)	pas, passe [pa, pa:s]	(빠, 빠아쓰)	a.
ã	(앙)	tant, tante [tã, tã:t]	(땅, 따앙뜨)	an. am. en. em
b	(ㅂ)	beau, robe [bo, rob]	(브, 러브)	b.
d	(ㄷ)	dame, fade [dam, fad]	(담, 파드)	d.
e	(에)	été, aimer [ete ɛme]	(에떼, 에메)	e. é.
ɛ	(에)	prés, pére [prɛ, pɛ:r]	(프레, 뻬엘)	è. e.
ɛ̃	(엥)	pin, mince [pɛ̃, pɛ̃:s]	(뺑, 멩쓰)	ain. aim.
ə	(으)	le, je, menu [lə, ʒə, məny]	(르 즈 므니)	e.
f	(ㅍ)	fort, neuf [fo:r, nœf]	(포오르, 놰프)	f.
g	(ㄱ)	gant, longue [gâ, lõ:g]	(강, 렁그)	g.
h	(ㅎ)	aha [a (h) a]	(아 (하) 아)	h.
i	(이)	ici, vive [isi, vi:v]	(이씨, 뷔이브)	i.
j	(유)	hier, soleil [jɛ:r, sɔlɛij]	(이에르, 써레유)	h. eil.
k	(ㄲ)	car. roc [har. rɔk]	(까아르, 러끄)	c.
l	(ㄹ)	la. cale [la, kal]	(라, 깔)	l.
m	(ㅁ)	mot, dame [mo, dâm]	(모. 담)	m.
n	(ㄴ)	ni, une [ni, yn]	(니. 인)	n.
ɲ	(뉴)	agneau, digne [aɲo, diɲ]	(아뇨, 디뇨)	gn.
o	(오)	beau. notre [bo, nɑtr]	(보, 노오뜨르)	eau. au.
ɔ	(어)	note. fort [nɔt, fɔ:r]	(너트, 퍼어트)	o.
õ	(옹)	bon, nocle [bõ, õ:kl]	(봉, 옹끌)	on. om.
œ	(왜)	neuf, ncuve [nœfn, œ:v]	(놰프, 놰브)	ou.
œ̃	(왱)	un, humble [œ̃, œ̃:bl]	(왱, 왱블)	um. un.
φ	(웨)	peu, creuse [pφ, krφ:z]	(뻬, 끄웨즈)	eu.
p	(ㅃ)	pas, attrape [pã, atrap]	(빠, 아뜨라쁘)	p.
r	(ㄹ)	drap, rare [dra, ra:r]	(드라, 라아르)	r.

s (ㅆ)	si, pense〔si, pã:s〕	(쓰, 빵스)	s. ss.
∫ (슈)	chou, vache〔∫u, va∫〕	〔슈, 봐슈)	ch.
t (ㅌ)	ta, patte〔ta, pat〕	(따, 빠뜨)	t.
u (우)	tout, tour〔tu, tu:r〕	(뚜, 뚜우르)	ou.
y (이)	tu, mur〔ty, my:r〕	(띠, 미이르)	u.
ɥ (이)	huile, hûitre〔ɥil, ɥitr〕	(이일, 이뜨르)	ui.
v (브)	va, cave〔va, ka:v〕	(봐, 까아브)	v.
w (와)	oui, ouate〔wi, wat〕	(위, 와뜨)	ou.
z (ㅈ)	zone, rose〔zo:n, ro:z〕	(즈온, 로으즈)	z. s.
ʒ (즈)	je, rouge〔ʒə, ru:ʒ〕	(즈, 루우즈)	j. g.

1) E, e는 입의 긴장을 모두 풀고 가볍고 약하고 짧게 〔에〕를 발음한다.

2) Q, q는 〔ky〕로 표시된다. 입을 반쯤 벌려서 〔우〕를 발음하는 형으로 〔이〕를 발음하면 된다.

3) W, w(두불베)와 Y, y(이그렉끄)는 이중의 v와 그 리샤어의 i의 의미다.

Aa Ee Ii Oo Uu Yy가 모음이다. 이중 Yy를 제외한 다섯에는 각각 음부(accent)에 붙는 경우가 있다. 이 음부는 꼭 써야하나 대문자에서는 생략해도 좋다.

´ (accent aigu) e만에 붙어 é가 된다.

` (accent grave) a, e, u에 붙어 à, è, ù가 된다.

^ (accent sir conflexe) 다섯 모음에 붙어 â, ê, î, ô, û가 된다.

음부가 붙고 붙지 않음에 따라 발음이 약간 틀려진다. ´는 날카롭게, `는 둔하게, ^는 길게 변한다.

3. 단모음자의 발음

1) a(아)는 항상 a(아)다. á, à경우는 나중에 취급한다. accent tonique(역점)은 e로 끝나지 않은 말에

서는 최후 음절에 붙는다.

　예) animal, ami

　아니말 아미

어미가 e로 끝난 말의 역점은 e를 포함한 최후음절 바로 앞 음절에 붙는다.

　예) grave, sabre

　그라브 사브르

2) e(어)의 발음은 가장 어렵다.

　예) menu, ceci

　머뉴　스시

e(에) [ɛ]로 발음될 때도 있다.

　예) leste, dresse

　레스뜨아드레스

(어)와 (에)는 음절을 끊어보아 e가 음절의 최후에 올 경우에는 (어)로 발음된다. 또 하나는 모든 단어의 마지막에 오는 e는 무음이다. 단, Je, Le경우에는 [ə]다. 이상과 같은 e의 발음에 음부가 붙으면 또 달라진다. é는 날카롭고 명쾌한 [e]이고, ê è는　조금 애매한 [ɛ]다.

3) i(이)는 [i]다. 입술의 양단을 좌우로 충분히 끌고 명쾌히 발음할 필요가 있다. i가 다음 모음을 동반할 경우 반모음화 한다.

　예) diamant("디아"가 아니라 "디야망"이 된다)

　디야망

4) o(오)의 발음은 [오]이다. 입을 충분히 둥글게 내민 [o]와 그다지 아닌 [ɔ]의 두 가지가 있고　음부를 붙인 ô는 [o]를 조금 길게 발음한다.

5) u(이)는 [y]다. 불어 모음중 가장 발음이 어려운 것으로 입을 뾰족이 하고 우[u]의 입으로 이[i] 를

발음할 때 [y]발음이 난다.

　예) confus
　　　꽁피

u는 i나 y와 동반하여 반모음화 [ɥ]한다.

　예) huile puissant
　　　윌　　삐상

6) y(이그렉그)는 발음도 i와 같다. 다른 모음 수반
으로 반모음화함도 같다.

4. 복합모음자의 발음

1) ai, ei는 다 [에]로 발음된다. 대개 [ɛ]이나 [e]
일 때도 있다.

　예) libraire　　anglaise
　　　리브레르　앙글레즈

2) eu, œu는 [œ] 또는 [ɸ]로 발음된다. [o]의　입
으로 [e]를 발음하면 [ɸ]가 되고 [ɔ]의 입으로 [ɛ]를
발음하면 [œ]가 된다. 일반적으로 [œ]로 발음되지만
어미에 올 때나 다음에 [z] [ʒ]를 수반할 때는 [ɸ]가
된다.

　예) beurre, heureux, berceuse, cœur
　　　배르　　왜래　　　베르쉐즈 패르

3) ou는 입을 뽀족이 하고 하는 우[u]이다.

　예) amour　　secours
　　　아무르　스꾸루

4) eu, œu는 [œ]다.

　예) preuve　　　cœur
　　　쁘르으브　　꼬오르

5) oi는 우아[wa]로 발음한다.

예) étoile   oiseau
에뚜아르   우아조

6) ay, ey, oy형이 있다. 이때 Y는 단순모음자 y〔i〕와 달리 〔ii〕이다. 따라서 ay는 〔aii〕, ey는 〔eii〕가 된다.

예) pays   payable
빼이   빼이아브르

7) oy도 〔oii〕가 된다.

예) royal   voyageur
로아야르   부아야쮀르

8) uy도 〔uii〕가 된다.

예) tuy   essuyage
띠이   에씨야즈

9) 복합모음을 개개 모음의 발음으로 다시 환원시킬 때 트레마(tréma)를 쓴다.

예) naïf   alcaloïde   Noël
나이프   알카로이드   노엘

10) ë가 말의 끝에 왔을 때는 발음하지 않는다.

예) aiguë   ciguë   aigue   cigue
에뀨   씨뀨   에끄   씨끄

5. 비모음자의 발음

1) an, am은 〔ã〕으로 표시된다.
en, em도 〔ã〕으로 표시된다.

불어 비음에선 혀가 움직이면 안된다. an은 〔아〕라고 발음한 채로 그 음을 코로 뺀다. 입은 벌리고 혀를 고착시킨 채로 코로 공기를 통과시키며 낸다.

예) ditance   Adam
디스땅쓰   아당

2) in, im, yn, ym, ain, am, ein, elm은 [ɛ̃]이다.
　예) timbre　　feimte
　　　땅브르　　프엥뜨

3) un, um은 [œ̃]이다. [오]와 [에]의 중간음이 비음화한 것이다.
　예) emprunt,　défunt
　　　앙쁘랭　　데펑

4) on, om[ɔ̃]이다.
　예) coton ombre
　　　꼬똥 옹브르

5) ien은 [jɑ̃]이나 대개 [jɛ̃]로 발음한다.
　예) mien　　rien
　　　미엥　　리엥

6) oin은 [ɔɛ̃]이고 어(ɔ)가 반모음화하여 [wɛ̃] 으로 발음된다.
　예) soin　　point
　　　수앵　　쁘앵

6. 모음의 장단

1) 어미의 모음은 항상 짧다.
　예) fini　　vie
　　　피니　뷔

2) [v] [z] [ʒ] [j] 및 어미의 [r] 앞에 역점있는 모음이 되면 길게 읽는다.
　예) cave　　　amuse　　　rouge
　　　까－브　　아미－즈　루－즈

3) 전항 이외의 발음하는 자음의 앞에 오는 역점있는 모음 중에서 비음과 [o], [φ]은 항상 길게, [a] 도

거의 길게 발음된다.

예) France   prince
    프랑－스   프렝－스

7. 발음 요령

ai, ei } 에 [e, ε]   oi < 우아 / 우와 [wa]   en, em } 앙 [ã]

au, eau } 우 [o, ɔ]   i 이 [i]   in, im } 앵 [ɛ̃]

eu, œu } 우 [œ, φ]   o 오 [ɔ, o]   à, â, â } 아 [a, a]
ou 우 [u]   u 유 [y]
      y 이 [i]   é, è, ê } 에 [e, ε]

8. 자음자의 발음

1) b는 [b]이나 c, s, t앞에 오면 [p]로 발음된다.
   예) barbe   abcés
      바르브   아쁘세

2) c는 [k]와 [s]가 있다. a, o, u로 자음자 앞에서는 [k]가 되고 e, i, y 앞에서는 [s]로 발음된다.   즉 ca, co, cu는 [까」「꼬] [꾸] ce, ci, cy는 각각 [스] [시] [시]가 된다.

3) ç(세디유)는 C에 S를 붙인 자로, 세디유라 한다. ç는 a, o, u 앞에 와서 [s]로 발음되며 ça는 [사], ço[소], çu[슈]이다.

4) d(드)는 [d]밖에 없다.

5) f는 [f]발음 밖에 없다.

6) g(제)는 c와 같이 a, o, u 앞에서는 [가]   [고]

[구]이고 e, i, y 앞에서는 [쥬] [지] [지]다.

7) ga, go, gu의 g는 [g]이지만 만일 a, o, u는 그대로 두고 g를 [ʒ]로 하려면 gea, geo, geu로 철자를 만들어 [ʒa] [ʒo] [ʒw]가 된다.

8) h(아슈)는 (유성의 h) h aspiré와 [무성의 h] h muet와 구별이 있으나 발음은 하지 않는다.

9) j(즈)은 [ʒ]발음이다.

10) k(까)는 (k)이나 외래어, 끄리샤계의 소수 말 밖에 쓰여지지 않는다.

11) l(엘)은 혀의 끝은 웃니 뒤에 가볍게 대고 영어의 l보다 가벼운 [l]이다.

12) m[엠]은 [m]이다.

13) n[엔]은 [n]발음이다.

14) p[빼]는 [p]발음이다.

15) q(큐)는 어미에 올 때를 제외하고는 반드시 qu로 되어 모음과 결합한다. 이 경우 qu는 [k]로써 qua, qui, quu, que, quo는 [까] [끼] [꾸] [께] [꼬] 가 된다. 오직 gua는 가끔 [kwa]로 읽는다.

16) r(에에르) 발음은 아주 곤란하다. 혀끝을 아랫니 뒤에 세게 밀어 댄 채 목구멍 속 쪽에서 [r]을 발음한다.

17) s(에스)는 [스]이나 모음에 잡혔을 때는 [즈]가 된다.

18) t(떼)는 [뜨]이나 ti 다음에 모음이 오면 [si]가 된다.

예) témoin, nation.

19) v(베)는 [브]이나 윗니로 아래 입술을 가볍게 누르고 내미는 발음이다.

20) w(떠블베)는 소수 외래어에만 쓰고 발음은 [w]

나 [v]이다.

　　wagon,　tramway
　　봐공　　　트라뭬이

21) x(익스)는 [ks]이다. 다만 ex라는 철자 다음에 모음이 오면 흐려져서 [gz]로 되는 경우가 많다.

　　예) texte,　exercie
　　　텍스트　에그제르시스

22. z(제드)는 [z]발음 뿐이다.

9. il과 ill에 관해서

1) il은 단독일 때는 [il]로 발음된다. 그러나　il에 다른 모음이 앞에 오면 유[j]라고 발음된다.

　　예) travail　,　pareil
　　　트라봐이유　빠레이유

2) ill은 일반적으로 유[j]이나 자음자 뒤에 올　때 [il]로 발음되는 경우가 있다.

　　예) million　,　villge
　　　밀리옹　　빌라쥬

10. 이중 자음자의 발음

1) mm, nn은 [m] [n]으로 읽는다.

2) 위와 같은 것이 원칙이나 예외로 비음이 생기기도 한다.

　　예) ennoblir　　amnamite
　　　앙노블리르　앙나미뜨

3) cc, gg는 c에는 [k] [s], g에는 [g] [ʒ]로 각각 읽는 수가 있어서 경우에 따라 읽어야 한다.

4) 이외 중자음은 모두 하나로 읽는다.

〈복자음의 발음〉

1) ch는 〔ʃ〕이나 가끔 〔K〕로 발음될 때도 있다.

2) gn은 〔ɲ〕로 발음되며 이것은 불어 특유의 발음이다.

3) ph는 〔f〕로 발음한다.

4) rh, th는 모두 h를 발음 않으므로 〔r〕 〔t〕만 발음한다.

5) sc는 c에 〔s〕 〔k〕 두 음 앞이므로 c가 〔s〕면 〔s〕만 되고 c가 〔k〕면 〔sk〕로 된다.

11. 어미의 자음자와 연음

1) 어미의 자음은 거의 발음되지 않는다.

2) c, f, k, l, b, r이 어미에 올 경우 발음하는 편이 많다.

avec   neuf
아베끄   뇌프

3) 어미 er는 보통 〔e〕로 읽히나 적은 음절에 한해 〔ɛ:r〕로 발음된다.

4) 불어에는 리에종 〔liaison〕이라는 독특한 현상이 없다. 단어가 모여 어군을 형성하면 발음이 변한다. 즉, 앞에 있는 말의 어미의 자음과 뒤에 있는 말의 어두의 모음자가 결합되어 발음되는 것을 말한다.

연음의 경우 자음의 발음을 고쳐 읽는 일이 가끔 있다. 즉 d는 〔t〕로 g는 〔k〕로 r와 x는 〔z〕로 읽는다.

5) 비음이 있는 형용사가 여성형이 되면 비음을 읽는다.

예) bon   bonne
봉   본느

6) h aspiré는 연음되지 않고 h muet만 연음된다.

12. 명사와 관사

1) 명사는 보통명사, 고유명사로 분류되어 있다. 명사에는 보통 le, la, l′, un, une, des 등이 붙어 있는데 이것은 관사다.

　예) la lune, l′homme le devoir, un arc-en-ciel.

2) 명사는 모두 남성이거나 여성이거나 둘 중의 하나다.

　예) le père(아버지)　　le cheval(말)
　　　르 빼르　　　　　　르 슈발
　　　la mère(어머니)　　la jument(암말)
　　　라 메르　　　　　　라 쥬망

3) 무생물의 성은 전통적 습관적으로 정해져 있는 것으로써 이론은 아니다.

　예) le soleil(태양)　　la lune(달)
　　　르 쏘레이유　　　　라 린느

불어를 배움에 있어 성을 기억한다는 것은 매우 중요한 일이므로 잘 알아두어야 한다.

	수		
	남　　성	여　　성	복수(남여성 함께)
정 관 사	le(l′)	la(l′)	les
부정관사	un	une	des
부분관사	du(de l′)	de la(de l′)	des

13. 동　　사

□ 동사의 법

　동사의 법이란 동사가 동작이나 상태를 표현할 때의 「표현법」을 말한다.

　a) 부정법(Mode infinitif) 현재, 과거

b) 분사법 (Mode participe) 현재, 과거
c) 명령법 (Mode impératif) 현재, 과거
d) 직설법 (Mode indicatif) 현재, 과거(5), 미래(2)
e) 조건법 (Mode conditionnel) 현재, 과거(2)
f) 접속법 (Mode subjoctif) 현재, 과거(3)

□ 직설법의 때

a) 현재 présent
b) 반과거 imparfait
c) 복합과거 passé composé
d) 단순과거 passé simple
e) 대과거 plus-que-parfait
f) 전과거 passé antérieur
g) 단순미래 futur simple
h) 전미래 futur antérieur

□ 직설법 현재의 변화

동사는 법과 때와 인칭과 수에 의해 변화한다.
기본형을 제시해 보면

    donner

je donne   nous donnons
tu donnes   vous donnez
il donne   ils donnent

1군동사(어미가 er로 규칙적으로 끝난 동사) 외의
2군동사, 3군동사는 따로 특별히 변화한다.
etrë동사와 avoir동사는 특히 많이 쓰이므로 동사
변화에 대해서도 알아두어야 할 것이다.

기초 일본어 문법

1. カ ナ (가나 : 假名)

영어글자 26자를 알파벳이라고 하듯이 일본(日本) 글자 50자를 가나(假名)라 부른다.

가나에는 다음 두가지가 있다.

① カタカナ (가다가나, 片假名)

해서체(楷書體)로써 똑똑히 쓴 글자인데 영자(英字) 의 활자체(活字體)와 같은 것이다.

② ひらかな (히라가나, 平假名)

초서(草書)로 흘려 쓴 글자인데 영자의 필기체(筆 記體) 글자와 같은 것이다.

③ カナ의 유래

カナ의 글자 모양은 대개 한자(漢字)를 모방하여 딴 것인데 예를 들면 아래와 같다.

ア는 「阿」의 阝변(邊)을 딴 것이고
イ는 「伊」의 亻변을 딴 것이고
ウ는 「字」의 宀변을 딴 것이고
カ는 「加」의 力변을 딴 것이고
キ는 「幾」자의 가운데 몸체를 딴 것이고
ク는 「久」의 ク변을 딴 것이다.

ひらかな는 이것들을 초서(草書)로 자획(字劃)을 약 간 가감(加減)한 것이다.

④ カナ의 철자법

일본어 50자를 분해하여 보면 모음(母音) 5 자와 자음(子音) 9 자를 기초로 이루어졌다.

즉 アイウエオ는 영어의 aiueo, 한글의 ㅏㅣㅜㅔㅗ이고 カサタナハマラ는 영어의 Ka Sa Ta Na Ha Ma Ra, 한글의 ㄱㅅㄷㄴㅎㅁㄹ과 같은 것인데 ㅑ와 ㅠ는 이중모음(二重母音)이므로 사실상 일본어의 자음은 7 자라 할 것이다.

⑤ カ행의 발음

カ, キ, ク, ケ, コ가 글자 앞에 붙을 때는 가, 기, 구, 게, 고로 발음하고 글자 뒤에 있을때는 까, 끼, 꾸, 께, 꼬로 발음된다.

카オ[가오](顔) 얼굴
キタ[기다](北) 북
クモ[구모](雲) 구름
ケサ[게사](今朝) 오늘아침
コミ[고미](芥) 쓰레기
ユカ[유까](床) 마루
ユキ[유끼](雪) 눈
キク[기꾸](菊) 국화
イケ[이께](池) 못
ネコ[네꼬](猫) 고양이

⑥ 한자의 발음

일본말에는 한자(漢字) 하나하나에 이름이 있고 따로 한 자 한 자에 발음이 있다.

人　　ヒト　　ニン 또는 ジン
音　　オト　　オン 또는 イン
國　　クニ　　コク
한자　이름　　발음

이것은 우리나라 천자문을 읽는 법과 비슷한다.

즉 "人"은 사람 인

　"音"은 소리 음

　"國"은 나라 국이라 하여 한자공부는　이와같이 하지만 문장을 읽을 때는 이름은 빼고 끝에 붙은 발음만을 부른다.

그러나 일본말에서 한자가 문장에 사용될 때의　읽는 법은 이름을 부를 때도 있고 한자의 발음만을 읽을 때도 있다.

전자를 가리켜 ゾクオン (俗音) ノトナエカタ (唱方) (조꾸온 노도나에까 다)라 하고 후자를 カンジオン (漢字音) ノヨミカタ (讀方) (간지온 노요미까다)라 한다.

2．ヒオン(히온 鼻音) 콧소리(ン)

일본어 50음자의 끝의 자인 ン자는 콧소리(鼻音)로써 다른 글자 밑의 받침으로만 쓰여지며 한글의 「ㅇ」 「ㄴ」「ㅁ」 등의 발음을 한다.

①「ㅇ」으로 발음하는 경우

「ン」자 밑에 アイウエオ, カキクケコ, ヤエヨ, ワヲ 들의 글자가 붙을 때

　　ホンヤ [홍야] (本屋)　책방

　　デンワ [뎅와] (電話)　전화

　　ケンカ [겡까] (喧嘩)　싸움

②「ㄴ」으로 발음하는 경우

「ン」자 밑에 サシスセソ, タチツテト, ナニヌネノ, ラリルレロ 들의 글자가 붙을 때

　　ケンサ [겐사] (檢査)　검사

　　センタク [센다꾸] (洗濯)　빨래

デンチ[덴찌](電池) 전지

ニンニク[닌니꾸] 마늘

ケンリ[겐리](權利) 권리

③「ㅁ」으로 발음하는 경우
「ン」자 밑에 マミムメモ 등의 글자가 붙을 때

ケンマイ[겜마이](玄米) 현미

ホンモノ[홈모노](本物) 진짜

3. ソクオン(소꾸온 促音) 촉음(シ)

일본말에는「ン」자 외에「ッ」자는 다른 글자 밑에 있어 받침 구실을 많이 한다. 이것을 촉음이라 하며 적은자(小文字)로 표한다.

「ッ」가 다른 글자 밑에 있어 받침 구실을 할 때에는 「ㅅ」또는「ㄱ」「ㅂ」의 발음을 한다.

①「ㅅ」발음을 하는 경우

サッソク[삿소꾸](早速) 얼른

ケッセキ[겟세끼](缺席) 결석

マッタク[맏다꾸](全ク) 전혀

イッテキ[읻데끼](一滴) 한방울

マッチ[맞지](洋灰) 성냥

②「ㄱ」발음을 하는 경우

セック[섹구](節句) 명일

ケッカク[겟가꾸](結核) 결핵

セッカク[섹가꾸](折角) 모처럼

③「ㅂ」발음을 하는 경우

ケッパク[겝바꾸](潔白) 결백

クップク [굽부꾸] (屈伏) 굴복

　위의 예를 우리 한글 발음으로 표시하여 본　결과 「ッ」의 발음은 밑에 오는 글자의 자음 발음을 하게 됨을 알 수 있다.

　즉 「ッ」 다음의 글자가 「サ」행의 글자일 경우는 「ッ」의 발음은 「ㅅ」 발음을 하게 되고 「ッ」 다음의 글자가 「タ」행일 때의 「ッ」의 발음은 「ㄷ」발음을 하게　되며 「ッ」 다음의 글자가 「サ」행일 때에는 「ㅈ」발음을 하며 「ッ」 다음의 글자가 「カ」행일 때의 발음은 「ㄱ」이　된다. 이와 같이 우리 한글 발음으로 표시하여 보면 ㅅ, ㄷ, ㅈ, ㄱ 등의 발음을 하게 되나 일본 글로서는 모두 「ッ」 한자로 쓰이고 만다.

4. ダクオン (다꾸온 濁音)

　ダクオン은 カサタハ 4행의 글자 도합 20자가　있으니 글자의 오른쪽 어깨에 두점(ﾞ)을 찍어　ダクオン임을 표시한다.

　ダクオン은 한글로만 표시하기에는 매우　곤란하며 만국발음 부호로써 표하여 보면 다음과 같다.

ガ ga가	ギ gi기	グ gu구	ゲ ge게	ゴ go고
ザ za자	ジ zi지	ズ zu즈	ゼ ze제	ゾ zo조
ダ da다	ヂ dzi지	ヅ dz즈	デ de데	ド do도
バ ba바	ビ bi비	ブ bu부	ベ be베	ボ bo보

5. ハンダクオン (한다꾸온 : 半濁音)

　ハンダクオン은 ハ행에만 있으며 글자의 오른편　어깨에 적은 동그라미를 붙여 표시한다.

パ pa빠	ピ pi삐	プ pu뿌	ペ pe뻬	ポ po뽀

タンポポ[담뽀뽀] (민들레)
リッパナ[립빠나] 立派~ (훌륭한)

6. ニジユウボオン(니쥬우보온 二重母音)
「ヤ, ヨ, ユ」

일본어의 アイウエオ는 50음자 첫째 줄이며 기본모음인데 "ヤイユエヨ에서 イ와 エ는 50음자에서 이중으로 나와 결국 아무런 의미도 나타내지 못하고 있다.그러나 ヤ, ユ, ヨ 석자는 매우 긴요한 역할을 하니 한글의 ㅑ(ヤ), ㅠ(ユ), ㅛ(ヨ)와 같이 발음하며 자음밑에 붙어 두자가 어울려 한소리를 나타내게 된다. 이것을 이중모음 또는 요음(拗音)이라고 하며 촉음과 같이 적은 자(小文字)로 표한다.

①「ヤ」의 발음
キャク[갸꾸] (客) 손님　バシャ[바샤] (馬車) 마차
　イシャ[이샤] (醫者) 의사
　キシャ[기샤] (汽車) 기차

②「ヨ」의 발음
　リョカン [료깡] (旅館) 여관
　ヤッキョク[약교꾸] (藥局) 약방
　ギョライ[교라이] (漁雷) 어뢰
　ジョシ[죠시] (女女) 여자

③「ユ」의 발음
　ジュンサ[준사] (巡査) 순경
　キジュツ[기쥬쯔] (技術) 기술
　シュケン[슈겡] (主權) 주권
　ミンシュ[민슈] (民主) 민주

7. チョウオン (죠오온 長音) 긴소리

두자 또는 석자의 글자를 이어 한소리 같이 길게 발음하는 것을 긴소리라 한다.

① 두자긴소리 (**二字長音**)

オオ (오오) ユウ (유우)

コウ (고오)

ソウ (소오)

トウ (도오)

ホウ (호오)

ロウ (로오)

① 두자긴소리

ウウ (우우) ョウ (요우)

クウ (구우)

スウ (스우)

ツウ (쯔우)

フウ (후우)

ルウ (루우)

② 석자긴소리 (三字長音)

キョウ (교오)

ショウ (쇼오)

ジョウ (죠오)

ニョウ (뇨오)

ヒョウ (효오)

ミョウ (묘오)

リョウ (료오)

キュウ (규우)

シュウ (슈우)

ジュウ (쥬우)

ニュウ (뉴우)

ヒュウ (휴우)

ミュウ (뮤우)

リュウ (류우)

ビョウキ [뵤오끼] (病氣) 병

リュウコウ [류우꼬오] (流行) 유행

リョウシン [료오싱] (兩親) 양친

ショウダク [쇼오다꾸] (承諾) 승락

기초 중국어 문법

1. 발음요령(發音要領)

　중국어의 발음은 영어나 독어, 불어 등과는　약간 차이가 있다. 발음 부호를 우리 한글로 표기하기에는 꽤 어려운 점이 많다. 가령, 〔ㄌ〕의 경우 영어의 〔l〕과 비슷하지만 그렇다고 우리말의 〔ㄹ〕과는 또 다르다. 굳이 우리말로 표기하자면 〔ㄹㄹ〕로 나타내야　할 것이다. 〔ㄴ〕의 경우도 우리말로 표시하면 〔위〕로 나타내야 하는데, 사실상 현재 우리말의 통용범위에는 해당되지 않고 있는 문자이다.

　따라서 보다 정확한 중국어의 발음을 위해서는 음성 매체(라디오 방송이나 카세트)를 통해서 연습하는 길 밖에는 없다. 이 책에서는 인쇄 매체를 통해서 전달이 가능한 범위까지 최선을 다해 발음을 　표기하였다.

　① f (ㄷ)

　우리말로는 〔ㅍ〕으로 나타낼 수밖에 없지만,　다음과 같은 점에서 〔ㅍ〕과는 다르게 구별되는 음이다.

　　〔ㅍ〕=〔P〕

　위 아래 두 입술이 닿았다가 떨어지면서 나는 소리이다(兩唇音).

　허파로부터 나온 숨이 한번 막혔다가 터져나오면서 나는 소리이다(破裂音).

　　〔f〕

　웃이빨과 아랫입술이 닿았다가 떨어지면서 나는 소

66

리이다.

허파로부터 나온 숨이 웃이빨과 아랫입술 사이로 새어나오는 소리이다(磨擦音).

이 음은 결국 알파벳의 〔f〕와 같은 소리라고 할 수 있다.

    yí(一) fèn(份) — 한 장(一部)
    dí(地) fang(方) — 지방
    fù(父) qin(親) — 아버지, 부친

② ㅣ(ㄌ)

꼭 우리말로 나타낸다면 〔ㄹㄹ〕로 표기하는 수 밖에 없는 음이다. 예를 들면 '얼른'에서 '어'와 '은'을 뺀 발음이라고 할 수 있다. 영어 알파벳의 〔l〕과 같은 음으로 볼 수 있다.

    yì(易) lǎo(老) 〔일라오〕 — 늙기는 쉽다.
    bǎo(飽) le(了) 〔빠올러〕 — 배불리 먹었다.
    Tā(他) lái(來) le(了) 〔탈라일러〕 — 그가 왔다.

③ zh(ㄓ)

우리말의 〔ㅈ〕과 비슷한 음이지만, 발음할 때 혀의 모양이 다르다. 예를 들면 〔ㅈ〕은 혓바닥이 입천장에 닿아서 소리가 나는데 비하여(口蓋音), 〔zh〕는 혀 끝이 입천장에 닿아서 소리가 난다. 혀 끝을 말아서 소리를 내기 때문에 권설음(捲舌音)이라고 한다.

    Zhōng(中) guó(國) — 중국
    yì(一) zhāng(張) — 한 장
    jǐn(緊) zhāng(張) — 긴장
    zhī(知) shi(識) — 지식

④ ch(ㄔ)

이 음은 혀의 위치를 위의 〔zh〕와 같게 하면서 〔ㅊ〕

을 발음하면 된다. 이 음은 〔zh〕의 유기음(有氣音)이
라고 한다.

    chàng(唱) gē(歌) — 노래
    tí(提) chū(出) — 제출
    chū(出) qu(去) — 밖으로 나가다
    chūn(春) tian(天) — 봄

⑤ sh(尸)

이 음은 혀의 위치를 〔zh〕와 같게 하면서 〔ㅅ〕을 발
음하면 비슷한 음이 된다. 이를 거듭 설명하자면,
〔zh〕는 파열음이며 〔sh〕는 마찰음이다.

혀의 끝을 입천장에 가득 대지 말고 혀끝부분과 입
천장 사이를 통해 바람을 내어보내는 소리를 내면 된
다. 바람을 밖으로 내어보내는 방법은 영어발음의 〔ʃ〕
와 같다고 할 수 있으나, 혀끝을 말아올린다는 점이
다르다.

    shén(什) me(麼) — 무엇이냐
    Yīng(英) wén(文) shū(書) — 영어 책
    jiē(街) shang(上) — 길거리, 시내
    wǎn(晚) shang(上) — 저녁때
    shí(時) hour(候) — 계절

⑥ r (ㅁ)

혀의 모양은 〔sh〕를 발음할 때와 같이 하면서 혀 끝
을 말아 입천장 쪽으로 대면서 목청을 울리도록 한다.
이 음은 유성음이다.

    rén(人) shēng(生) — 인생
    rè(熱) xīn(心) — 열심

⑦ z (卫)

우리말로는 〔ㅈ〕 또는 〔ㅉ〕으로 나타낼 수 있다. 웃

68

이빨에 혀가 닿도록 내밀었다가 떼면서 소리를 내면
된다.

　　zài(再)　jiàn(見) — 또 만납시다
　　zhú(竹)　zi(子) — 대나무
　　zú(足)　qiú(球) — 축구
　　zá(雜)　zhì(誌) — 잡지

⑧ c (ち)

이 음은 〔z〕와 같은 방법으로 〔ㅈ〕을 소리내면 된
다. 〔z〕의 유기음이라고 할 수 있다.

　　cǎo(草)　màor(帽) — 밀짚모자
　　cái(裁)　pàn(判) — 재판
　　bō(菠)　cai(菜) — 시금치
　　cān(參)　guān(觀) — 참관

⑨ s (ム)

이 음은 혀의 위치는 〔z〕와 같게 하면 되지만, 혀
끝과 웃이빨 사이를 좁혀서 그 사이로 바람을 내는 소
리이다. 따라서 이 음은 마찰음이다.

　　sào(掃)　zhou(帚) — 빗자루
　　sōng(松)　shù(樹) — 소나무
　　gōng(公)　sī(司) — 회사
　　sān(三)　yué(月) — 삼월

⑩ ü (ㄩ)

이 음을 꼭 우리말로 나타낸다면 〔위〕로 표기할 수
있겠다. 하지만 〔유〕와 〔이〕의 복모음은 아니다. 입
모양은 〔유〕를 소리낼 때처럼 하되 〔이〕를 소리내면
되는 단모음이다. 독일어의 〔ü〕와 비슷하다고 하겠다.
또한, 〔j〕·〔q〕·〔x〕 다음에서는 〔u〕로 나타낸다.

lǚ(旅) xíng(行) – 여행
fù(婦) nǚ(女) – 부녀자
lǜ(律) shī(師) – 변호사
yùn(運) dòng(動) yuán(員) – 운동선수

⑪ er(儿)

우리말로는 〔얼〕이라고 나타내지만, 〔ㄹ〕발음이 매우 약한 〔얼〕이다. 이 음은 한 마디로 미국식 영어발음의 〔ɚ〕과 유사하다. 혀를 말아 올리는 모음이라 해서 권설모음(捲舌母音)이라고 한다.

2. 중국어의 성조(聲調)

다른 나라 말과는 달리 중국어에는 음절(音節) 마다 나름대로의 독특한 성조(聲調)가 있다. 가령 같은 〔a〕(아) 음이라 하더라도 옆의 그림에서 보는 바와 같이 끝을 높이느냐 내리느냐, 처음부터 끝까지 고르게 높이느냐 내렸다가 높이느냐에 따라 그 뜻이 달라지게 된다.

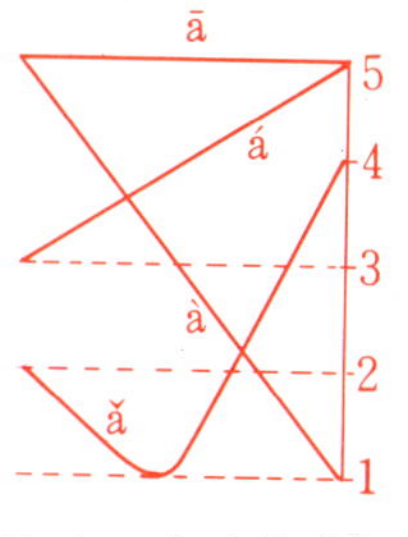

이처럼 독특한 성조는 중국어를 비롯한 한어족(漢語族)에 속하는 언어에는 대부분 다 있다. 하지만 성조의 가짓수는 언어와 지방에 따라서 여러 가지가 있다. 중국어의 성조는 표준말인 북경어가 네 가지(4성)이다.

제1성(ˉ)……높고 평평하다.
제2성(／)……중간음에서부터 최고로 높여서 낸다.
제3성(∨)……약간 높은 음에서부터 최저로 내렸다가 다시 높이 올린다.

제 4 성(＼)……최고음으로부터 다시 최저음으로 떨어뜨린다.

이러한 상태를 오선지에 옮긴다면, 대체로 다음과 같은 모양이 된다.

〔4 성 연습〕

nī	ní	nǐ	nì
妮	泥	你	逆
mā	má	mǎ	mà
媽	麻	馬	罵
hāo	háo	hǎo	hào
蒿	豪	好	號

제 2 장

영어 · 독어 · 불어 · 일본어 · 중국어
기초 5개국어 회화

●이 장에서는 일상 생활에서 가장 많이 쓰이는 실용 회화 180편을 엄선하여 다루었다. 매 편마다 영어 · 독어 · 불어 · 일어 · 중국어 순으로 5개국어 회화를 빠짐없이 실었고, 초보자도 쉽게 익혀 활용할 수 있도록 표준 발음을 우리말로 표시하였다. 또한 5개국어 회화에 필요한 중요 단어와 발음을 실어 회화 생활에 도움이 되도록 하였다.

1. 안녕하십니까? (아침 인사)

영 : Good morning.

독 : Guten Morgen.

불 : Bonjour.

일 : お早ようございます.

중 : 你好哇！(＝早安！)

◇회화를 위한 기본 단어
- 오전⇨〔영〕morning(모닝). 〔독〕der M-orgen(데어 모르겐). 〔불〕le matin(르 마뗑). 〔일〕午前(고젱). 〔중〕上午(샹우)
- 오후⇨〔영〕afternoon(에프터 눈). 〔독〕der Nachmittag(데어 나하미타크). 〔불〕l' apres-midi(라쁘레 미디). 〔일〕午後(고고). 〔중〕下午(샤우)

2. 안녕하십니까? (낮인사)

굿　　에프터눈
영 : Good afternoon.

구텐　　타크
독 : Guten Tag.

봉주르
불 : Bonjour.

곤 니찌 와　（고고）
일 : 今日は(午後).

니하오아
중 : 你好哇!

◇회화를 위한 기본 단어
- 밤⇨〔영〕evening(이브닝). 〔독〕der Abend(데어 아벤트). 〔불〕le soir(르 소와르). 〔일〕晩(방). 〔중〕晩上(완샹)
- 오늘밤⇨〔영〕this evening(디스 이브닝). 〔독〕heute Abend(호이테 아벤트). 〔불〕ce soir(스 소와르). 〔일〕今晩(곤방). 〔중〕今天晩上(찐텐완샹)

3. 안녕하십니까? (저녁 때의 인사)

영 : Good evening.

독 : Guten Abend.

불 : Bonsoir.

일 : 今晩は.

중 : 你好哇！ (＝晩安！)

◇회화를 위한 기본 단어
- 오늘⇨〔영〕today(투데이). 〔독〕heute(호이테). 〔불〕aujourd' hui(오주르드위). 〔일〕今日(교오). 〔중〕今天(찐 텐)
- 어제⇨〔영〕yesterday(예스터데이). 〔독〕gestern(게스테른). 〔불〕hier(이에르). 〔일〕昨日(기노오). 〔중〕昨天(쭤 텐)

4. 안녕히 주무세요. (밤인사)

영 : Good night.

독 : Gute Nacht.

불 : Bonne nuit.

일 : おやすみなさい.

중 : 請休息吧.

◇회화를 위한 기본 단어
  ● 내일⇨〔영〕tomorrow (투모로우).   〔독〕morgen (모르겐). 〔불〕demain (드멩).
  〔일〕明日 (아수). 〔중〕明天 (밍 톈)

5. 어떻게 지내십니까? (안부 인사)

영 : How are you?

독 : Wie gent es Ihnen?

불 : Comment allez-vous?

일 : ごきげんはいかがですか.

중 : 您好哇.

◇회화를 위한 기본 단어
- 아버지⇨〔영〕father(파더).〔독〕der V-ater(데어 파더).〔불〕le père(르 빼르)〔일〕父(찌찌).〔중〕父亲(푸친)
- 어머니⇨〔영〕mother(마더). 〔독〕die Mutter(디 무터). 〔불〕la mere(라메르)〔일〕母(하하). 〔중〕母親(무친)

6. 처음 뵙겠습니다. (초면일 때)

영 : How do you do?

독 : Es freut mich, Ihre Bekannt-

schaft zu machen.

불 : Enchante de faire votre

connaissance.

일 : はじめまして.

중 : 初会, 初会！(＝久仰, 久仰！)

◇회화를 위한 기본 단어
● 책⇨〔영〕book(북). 〔독〕das Buch (다스
부흐). 〔불〕le livre(르 리브르). 〔일〕本
(홍). 〔중〕書(슈)

7. 안녕히 (헤어질 때)

영 : Good luck !

독 : Alles Gute !

불 : Bonne chance !

일 : ごきげんよう！（お元気で！）

중 : 祝你健康！

8. 그럼 또 다음에 (헤어질 때)

영 : See you again !

독 : Auf Wiedersehen !

불 : Au plaisir de vous revoir.

일 : ではまた(会いましょう).

중 : 那么, 改天再見吧 !

◇회화를 위한 기본 단어

● 형제⇨〔영〕brother (브라더). 〔독〕der Bruder (데어 브루더). 〔불〕le frère (르 프레르). 〔일〕兄弟 (교오다이). 〔중〕弟兄 (띠쉥)

● 자매⇨〔영〕sister (시스터). 〔독〕die Schwester (디 쉬베스터). 〔불〕la soeur (라 쇠르). 〔일〕姉妹 (시마이). 〔중〕姐妹 (제메이)

9. 안녕히 가세요. (헤어질 때)

영 : Good-bye.

독 : Auf Wiedersehen !

불 : Au revoir.

일 : さようなら.

중 : 再見 /

◇회화를 위한 기본 단어
- 남편⇨〔영〕husband(허즈번드). 〔독〕der Gemahl(데어 게말). 〔불〕le mari(르 마리). 〔일〕夫(옷도). 〔중〕丈夫(짱푸)
- 아내⇨〔영〕wife(와이프). 〔독〕die Gemahlin(디 게말린). 〔불〕la femme(라 팜) 〔일〕妻(쯔마). 〔중〕妻子(치즈)

10. 좋은 날씨네요.

영 : Nice day, isn't it?

독 : Ein schöner Tag, nicht wahr?

불 : Il fait beau, n'est-cepas?

일 : いいお天気ですね.

중 : 好天氣啊!

◇회화를 위한 기본 단어
- 친구(벗) ⇨ 〔영〕friend(프렌드). 〔독〕der Freund(데어 프로인트). 〔불〕un ami(욍 나미). 〔일〕友人(유우진). 〔중〕朋友(펑 유)
- 학생 ⇨ 〔영〕student(스튜던트). 〔독〕der Student(데어 쉬투덴트). 〔불〕l'étudiant (레뛰디앙). 〔일〕學生(가꾸세이). 〔중〕学生(쉐 셩)

11. 덥[춥]군요.

영 : It's hot [cold], isn't it?

독 : Es ist heiß [kalt], nicht wahr?

불 : Il fait chaud [froid], n'est-ce pas?

일 : 暑い[寒い]ですね.

중 : 很熱[冷] 啊！

◇회화를 위한 기본 단어
● 입⇨[영]mouth(마우스), [독]der Mund (데어 문트). [불]la bouche(라 부시) [일]口(구지). [중]口(코우)

12. 실례합니다. 여보세요.

영 : Excuse me !
익스큐우즈 미

독 : Entschuldigen Sie !
엔트슐디겐 지

불 : Excusez-moi.
엑스뀌제 모와

일 : 失礼します, もしもし.
시쯔레이시 마 스, 모 시 모 시

중 : 借光, 借光.
제꽝제꽝

◇회화를 위한 기본 단어

● 남자⇨〔영〕man(맨). 〔독〕der Mann (데어 만). 〔불〕l'homme(롬). 〔일〕男(오도꼬). 〔중〕男人(난런)

● 여자⇨〔영〕Woman(우먼). 〔독〕die Frau(디프라우). 〔불〕la femme(라팜). 〔일〕女(온나). 〔중〕女人(뉘런)

13. 지금 몇 시입니까?

영 : What time is it now ?

독 : Wieviel Uhr ist es jetzt?

불 : Quelle heure est-il mainte.

일 : 今何時ですか.

중 : 現在几点鈡?

14. 다시 한 번 말씀해 주세요.

영 : I beg your pardon ?

독 : Bitte ?

불 : Pardon. Voudriez-vous repe.

일 : もう一度言って下さい.

중 : 請你再説一回吧.

◇회화를 위한 기본 단어
- 소년 ⇨ 〔영〕boy(보이). 〔독〕der Knabe (데어 크나베). 〔불〕le garçon(르 가르송). 〔일〕少年(쇼우넨). 〔중〕少年(샤오넨)
- 소녀 ⇨ 〔영〕gilr(걸). 〔독〕das Mädchen (다스 메드헨). 〔불〕la petite fille(라 쁘띠뜨 피예). 〔일〕少女(쇼우조). 〔중〕少女(샤오뉘)

15. 더 천천히 말씀해 주세요.

영 : Speak more slowly, please.

독 : Bitte sprechen Sie lan

gsamer!

불 : Parlez plus lentement, s'il

vous plaît.

일 : もっとゆっくり話して下さい.

중 : 請你再慢一点説話吧.

◇회화를 위한 기본 단어
● 귀⇨〔영〕ear(이어). 〔독〕das Ohr(다스 오르). 〔불〕l'oreille(로레이예). 〔일〕耳 (미미). 〔중〕耳朶(어르뚸)

16. 당신 이름은 무엇입니까?

영 : May I have your name
please?

독 : Dürfte ich um Ihren Namen
bitten?

불 : Quel est votre nom?

일 : あなたのお名前は.

중 : 你貴姓?

◇회화를 위한 기본 단어
- 아기 ⇨ 〔영〕baby(베이비). 〔독〕der Sä-ugling(데어 조이글링). 〔불〕le bébé(르 베베). 〔일〕赤ん坊(아깐보오). 〔중〕嬰儿(잉어르)

17. 잠간만 기다려 주세요.

영 : Wait a minute, please.

독 : Warten Sie bitte einen

Augenblick.

불 : Attendez une minute s'il

vous plaît.

일 : ちょっとお待ち下さい.

중 : 請你等一會吧.

◇회화를 위한 기본 단어
 ●코⇨〔영〕nose(노우즈). 〔독〕die Nase
 (디 나제). 〔불〕le nez(르 네). 〔일〕鼻
 (하나). 〔중〕鼻子(삐즈)

18. 만나서 기뻐요.

영：I am very glad to see you.

독：Es freut mich sehr Sie zu

sehen.

불：Je suis heureur 〔heureuse

女〕 de vous renconter.

일：お会いできてうれしい．

중：我見到你, 真高興.

◇회화를 위한 기본 단어
- 머리⇨〔영〕head(헤드). 〔독〕der Kopf (데어 코프프). 〔불〕la tete(라 떼뜨). 〔일〕頭(아다마). 〔중〕腦袋 (나오따이)

19. 이것으로 좋습니까?

영 : Is this all right ?

독 : Ist es gut so ?

불 : C'est bien ?

일 : これでいいですか.

중 : 这个好嗎？

20. 대단히 감사합니다.

영 : Thank you very much.

독 : Vielen Dank.

불 : Merci beaucoup.

일 : どうもありがとう.

중 : 謝謝.

◇회화를 위한 기본 단어
- 나⇨〔영〕I (아이). 〔독〕ich (이히). 〔불〕Je (즈), moi (모와). 〔일〕私 (와다시, 와다 구시). 〔중〕我 (워)
- 우리들⇨〔영〕we〔위〕. 〔독〕wir (비어). 〔불〕nous (누). 〔일〕私たち (와다시다찌) 〔중〕我們 (워 먼)

21. 천만에요.

영 : You are welcome.

독 : Bitte.

불 : Je vous en prie.

일 : どういたしまして.

중 : 好説.

◇회화를 위한 기본 단어
- 너(당신)⇨〔영〕you(유).〔독〕Sie(지).
  〔불〕vous(부).〔일〕あなた(아나따)
  〔중〕你(니)
- 그 사람⇨〔영〕he〔히).〔독〕er(에어).
  〔불〕il(일), lui(뤼이).〔일〕彼(가레).
  〔중〕他(타)

22. 미안합니다.

영 : Excuse me.

독 : Entschuldigen Sie bitte.

불 : Excusez-moi.

일 : すみません.

중 : 対不起.

◇회화를 위한 기본 단어
- 손⇨〔영〕hand(핸드). 〔독〕die hand (디 한트). 〔불〕la main(라 멩). 〔일〕手(데) 〔중〕手(쇼우)
- 발⇨〔영〕foot(푸트). 〔독〕der Fuss(데 어 푸스). 〔불〕le pied(르 삐에).〔일〕足 (아시). 〔중〕脚(자오)

23. 아니 좋습니다.

영 : That's all right.

독 : So ist es gut.

불 : Merci, cela suffit.

일 : いや, いいんですよ.

중 : 没关系.

◇회화를 위한 기본 단어
- 그녀(그 여자)⇨〔영〕she(쉬). 〔독〕sie(지). 〔불〕elle(엘). 〔일〕彼女〔가노조〕. 〔중〕她(타)
- 그들(그 사람들)⇨〔영〕they(데이). 〔독〕sie(지). 〔불〕eux(외). 〔일〕彼等 (가레라). 〔중〕他們(타먼)

24. 그것은 어디 있읍니까 ?

영 : Where is it ?

독 : Wo ist es ?

불 : Où est-ce que cest ?

일 : それはどこにありますか.

중 : 那个在哪儿 ?

25. 그것은 무엇입니까?

영：What is it ?

독：Was ist das ?

불：Qu'est-ce que c'est ?

일：それは何ですか.

중：那是什么 ?

26. 언제입니까? (날짜를 물을 때)

영 : When ?

독 : Wann ?

불 : Quand ?

일 : いつですか.

중 : 什么时候.

◇회화를 위한 기본 단어
- 한국인⇨〔영〕Korean(코리언). 〔독〕der Koreaner(데어 코레아너). 〔불〕Coreen (꼬렝). 〔일〕韓國人(강고꾸징). 〔중〕韓國人(한꿔런)
- 영국인⇨〔영〕Englishman(잉글리쉬맨). 〔독〕der Engländer(데어 엥글렌더). 〔불〕Anglais(앙글레). 〔일〕英國人(에이고꾸진). 〔중〕英國人(잉꿔런)

27. 왜요? (반문할 때)

영 : Why ?

독 : Warum ?

불 : Pourquoi ?

일 : 何故ですか.

중 : 怎么?

◇회화를 위한 기본 단어

● 라이터⇨〔영〕cigarette lighter (시거렛 라이터). 〔독〕das Feuerzeug (다스 포이에르쪼이크). 〔불〕le briquet (르 브리께). 〔일〕ライター (라이따). 〔중〕打火机 (다훠찌)

● 시계⇨〔영〕watch (워치). 〔독〕die Uhr (디 우르). 〔불〕la montre (라 몽뜨르). 〔일〕時計 (도께이). 〔중〕钟表 (쫑 뺘오)

28. 누구입니까?

영 : Who ?

독 : Wer ?

불 : Qui est-ce ?

일 : 誰ですか.

중 : 誰?

◇회화를 위한 기본 단어
- 프랑스인⇨〔영〕Frenchman(프렌치 먼).
  〔독〕der Franzose(데어 프란쪼제).
  〔불〕Francais(프랑세).　〔일〕フランス人
  (후란스진).　〔중〕法國人(파꿔 런)
- 중국인⇨〔영〕Chinese(차이니즈).　〔독〕
  der Chinese(데어 키네제).　〔불〕Chinois
  (신와).　〔일〕中國人(주우꼬꾸징).　〔중〕
  中國人(쭝꿔 런)

29. 누구의 것입니까?

영 : Whose ?
_{후즈}

독 : Wessen ?

불 : A qui est-ce ?

일 : 誰のものですか.

중 : 是誰的.

◇회화를 위한 기본 단어
 ● 양복점⇨〔영〕tailor shop (테일러 숍).
 〔독〕der Schneiderladen (데어 쉬나이더
 라덴). 〔불〕le tailleur (르 따이예르).
 〔일〕洋服屋 (요오후꾸야). 〔중〕西服店 (시
 푸뗀)

30. 어떻게 해서? (이유를 물을 때)

하우
영 : How ?

비
독 : Wie ?

꼬망
불 : Comment ?

도오 이 우 후 우 니 시 데
일 : どういうふうにして.

전양
중 : 怎样.

◇회화를 위한 기본 단어

● 앞 (쪽) ⇨ 〔영〕front (프런트). 〔독〕die V-orderseite (디 포르더자이테).   〔불〕le devant (르 드방). 〔일〕前方 (젠뽀우). 〔중〕前方 (첸팡)

● 뒤 (쪽) ⇨ 〔영〕rear (리어). 〔독〕die Ruckseite (디 뤼크자이테). 〔불〕l'arriere (라 리에르). 〔일〕復方 (고오호오). 〔중〕后方 (호우팡)

31. 얼마나 멉니까? (거리를 물을 때)

영 : How far ?

독 : Wie Weit ?

불 : Est-ce loin ?

일 : どのくらい遠いですか.

중 : 有多远 ?

◇회화를 위한 기본 단어
- 오른쪽⇨〔영〕right(라이트). 〔독〕rechts(레흐츠). 〔불〕la droite(라 드르와뜨). 〔일〕右(미기), 右側(미기가와). 〔중〕右(유), 右辺(유뺀)
- 왼쪽⇨〔영〕left(레프트). 〔독〕links(링크스). 〔불〕la gauche(라 고시). 〔일〕左(히다리), 左側(히다리가와). 〔중〕左(쮜), 左辺(쮜뺀)

32. 얼마나 걸립니까? (시간)

영 : How long ?

독 : Wie lange ?

불 : Combien de temps faut-il ?

일 : どのくらいかかりますか.

중 : 得多少时间.

◇회화를 위한 기본 단어
- 봄⇨〔영〕spring(스프링). 〔독〕der Frü-hling(데어 프륄링). 〔불〕le printemps (르 쁘렝땅). 〔일〕春(하루). 〔중〕春天 (춘텐)
- 여름⇨〔영〕summer(섬머). 〔독〕der S-ommer(데어 조머). 〔불〕l'été(레떼). 〔일〕夏(나쓰). 〔중〕夏天(샤텐)

33. 얼마입니까? (값을 물을 때)

하우　머치
영 : How much?

바스　코스테트　에스
독 : Was kostet es?

꽁비엥
불 : Combien?

이 꾸라 데 스 까
일 : いくらですか.

뚜어샤오쳰
중 : 多少錢.

◇회화를 위한 기본 단어
- 가을⇒〔영〕autumn(오텀).〔독〕der He-rbst(데어 헤르프스트).〔불〕l'automne(로뜬).〔일〕秋(아끼).〔중〕秋天(추톈)
- 겨울⇒〔영〕winter(윈터).〔독〕der Win-ter(데어 빈터).〔불〕l'hiver(리베르).〔일〕冬(후유).〔중〕冬天(뚱톈)

34. 몇 개 입니까?

하우   매니
영 : How many ?

비   필레
독 : Wie viele ?

꽁비엥   드
불 : Combien de〜 ?

이 꾸 쓰 데 스 까 (수우)
일 : いくつですか(数).

유뛰샤오
중 : 有多少.

◇회화를 위한 기본 단어
- 일(1)⇨〔영〕one(원), 〔독〕eins(아인스).
  〔불〕un(욍). 〔일〕1 (이찌). 〔중〕一(이)
- 이(2)⇨〔영〕two(투). 〔독〕zwei(쯔바이).
  〔불〕deux(되). 〔일〕2 (니). 〔중〕二(어르)
- 삼(3)⇨〔영〕three(트리). 〔독〕drei (드라이). 〔불〕trois(뜨르와). 〔일〕3 (산).
  〔중〕三(산)

35. 어느 쪽입니까? (방향을 물을 때)

영 : Which one ?
벨헤르 이스트 에스

독 : Welcher ist es ?

불 : Lequel ?

일 : どちらですか.

중 : 哪个.

◇회화를 위한 기본 단어
● 사(4)⇨〔영〕four (포). 〔독〕vier (피어).
〔불〕quatre (까뜨르). 〔일〕4 (시). 〔중〕
四 (스)
● 오(5⇨〔영〕five (파이브). 〔독〕fünf (퓐프)
〔불〕cinq (셍끄). 〔일〕5 (고). 〔중〕五
(우)

36. 이것은 내 것 입니다.

영：This is mine 〔not mine〕.

독：Das gehört mir 〔mir nicht〕.

불：C'est le mien 〔Ce n'est pas le mien〕.

일：これは私のです.

중：这是我的〔不是我的〕.

◇회화를 위한 기본 단어

● 어린이 ⇒ 〔영〕child(차일드). 〔독〕das K-ind(다스 킨트). 〔불〕l'enfant(랑팡). 〔일〕子供(고도모). 〔중〕小孫(샤오하이)

37. 나는 한국 사람입니다.

아이앰　어 코리언
영 : I am a Korean.

이히　빈　크레이너
독 : Ich bin Koreaner.

즈 쉬　꼬랭
불 : Je suis coreen.

와다구시와강고꾸 징 데 스
일 : 私は韓國人です.

워시리 환꿔 런
중 : 我是 韓國人.

38. 내 이름은 김입니다.

영 : My name is Kim.

독 : Mein Name ist Kim.

불 : Je m'appelle Kim.

일 : 私の名前は金です.

중 : 我姓 金.

◇회화를 위한 기본 단어
- 육(6)⇨〔영〕six (식스). 〔독〕sechs (제크스) 〔불〕six (시스). 〔일〕6 (로꾸). 〔중〕六 (류)
- 칠(7)⇨〔영〕seven (세븐). 〔독〕sieben (지벤). 〔불〕sept (세뜨). 〔일〕7 (시찌) 〔중〕七 (치)

39. 이 비행기는 예정대로 출발
합니까?

영 : Will this flight leave on
time?

독 : Werden wir planmäßig
abfliegen?

불 : Est-ce que l'avion partira
a l'heure prevue?

일 : この便は予定通り出ますか.

중 : 这班飞机在予定时间能够出
发吗?

40. 다른 항공 회사의 비행기 편을 알아 봐 주십시오.

영 : Please check the outgoing
flights of other airlines.

독 : Würden Sie bitte ein mal
sehen, ob eine andere
Fluglinie ein passendes
Flugzeug hat ?

불 : Pourriez-vous verifier les
vols en partance des autr-

꽁빠니
es compagnies ?

호까노 고오꾸우가이샤 노 빙 오시라베 데 구다
일 : 他の航空会社の便を調べて下

사 이
さい.

칭먀오차뻬 더항쿵꿍스더추파
중 : 請調查別的航空公司的出发

시젠
时間.

41. ～ 도착은 몇 시입니까?

영 : When do we land at ～ ?

독 : Wann landen wir in ～ ?

불 : Quand atterrissons-nous

a ～ ?

일 : ～ 着は何時ですか.

중 : 什么时候到 ～ 呢?

◇회화를 위한 기본 단어
● 팔(8)⇨〔영〕eight(에이트).　〔독〕acht(아
하트).　〔불〕huit(위이뜨).　〔일〕8 (하찌)
〔중〕八(빠)

42. (6)번 게이트는 어디입니까?

영 : Where is Gate (6) ?

독 : Wo ist Flugsteig (6) ?

불 : Ou est la porte (6) ?

일 : (6) 番ゲートはどこですか.

중 : 第(六) 号月台在哪儿？

43. 동경행으로 갈아타는 곳은 어디입니까?

영 : Where must I transfer for (Tokyo).

독 : Wo muß ich nach (Tokyo) umsteigen ?

불 : Ou dois-je changer d'avion pour (Tokyo) ?

일 : (東京) への乗り継ぎはどこですか.

중 : 到 (東京), 在 哪儿換机 ?

44. 짐은 모두(3)개 입니다.

영：I have (three) pieces of
baggage.

독：Ich habe (drei) Gepackstucke.

불：J'ai (trois) bagages.

일：荷物は全部で(3)個です.

중：行李一共有(三)个.

◇회화를 위한 기본 단어
- 구(9)⇨〔영〕nine(나인). 〔독〕neun(노인). 〔불〕neuf(뇌프). 〔일〕9(구). 〔중〕九(쭈)
- 십(10)⇨〔영〕ten(텐). 〔독〕zehn(짼). 〔불〕dix(디스). 〔일〕10(주우). 〔중〕十(시)

45. 초과 요금은 모두 얼마입니까?

영: What is the excess baggage charge ?

독: Wie teuer ist Übergewicht.

불: Quel est le tarif des bagages en éxcedént ?

일: 超過料金はいくらですか.

중: 超額費用多少錢呢.

46. 자리를 바꾸어도 좋읍니까 ?

영 : May I change my seat, please ?

독 : Darf ich meinen Platz wechseln ?

불 : Puis-je changer de place ?

일 : 座席をかわってもいいですか.

중 : 我変更坐位好不好 ?

47. 물〔오렌지·쥬스〕을 주세요.

영: 플리즈 기브 미 어 글라스 오브
Please give me a glass of

워터 〔오렌지 쥬스〕
water 〔orange juice〕.

독: 이인 글라스 바세르 〔오란젠
Ein Glas Wasser 〔Orangen

자프트〕 비테
saft〕, bitte.

불: 욍 베르 되 〔욍 쥐
Un verre d'eau 〔Un jus

도랑즈〕 실부 쁠레
d'orange〕, s'il vous plait.

일: 미즈〔오 렌 지 주 스〕 오 구 다 사 이
水〔オレンジ·ジュース〕を下さい.

중: 께이워이빼이량쉬〔쮜즈찌〕
給我一杯凉水(橘子汁).

48. 한 컵만 더 주세요.

영 : Another glass of water,

please.

독 : Bitte noch ein Glas Wasser.

불 : Encore un verre, s'il vous

plaît.

일 : もう一杯下さい.

중 : 再給我一杯吧.

◇회화를 위한 기본 단어
- 목⇨〔영〕throat(스로우트). 〔독〕die K-ehle(디 켈레). 〔불〕la gorge(라고르지) 〔일〕のど(노도). 〔중〕咽喉(옌호우)

49.　(서울)에서는 지금 몇시입니까?

영 : What time is it in (Seoul)?

독 : Wieviel Uhr ist es Jetzt in (Seoul)?

불 : Quelle heure est-il maintnant a (Seoul)?

일 : (ソウル)では今何時ですか.

중 : (　　)現在几点鈡呢.

50. 일본어〔영어〕 신문은 있읍니까 ?

영 : Do you have a Japanese

newspaper 〔an English

newspaper〕 ?

독 : Haben Sie eine Japanische

Zeitung 〔eine englische

Zeitung〕 ?

불 : Avez - vous un Journal

Japonais 〔anglais〕 ?

일: 日本語〔英語〕の新聞 はありますか.

중: 日本文〔英文〕的报, 有没有?

51. 속도는 어느 정도 입니까?

영 : How fast are we flying?

독 : Wie schnell fliegen wir jetzt?

불 : A quelle vitesse volonsnous?

일 : 速度はどのくらいですか·

중 : 飞的速度有多少?

52. 지금 날고 있는 곳은 어디 입니까?

영 : Where are we flying now ?

독 : Wo fliegen wir jetzt ?

불 : Ou volons-nous maintenant ?

일 : 今どこを飛んでいますか.

중 : 現到飞到什么地方了 ?

◇회화를 위한 기본 단어

● 동쪽⇨〔영〕east(이스트). 〔독〕der Osten
(데어 오스텐). 〔불〕lest(레스뜨). 〔일〕
東(히가시). 〔중〕東(뚱)

● 서쪽⇨〔영〕west(웨스트). 〔독〕der We-
sten(데어 베스텐). 〔불〕l'ouest(루에스
뜨). 〔일〕西(니시). 〔중〕西(시)

53. 이 다음은 어디서 섭니까 ?

영 : What is the next stopping

place ?

독 : Wie heißt der nächste

Landeplatz ?

불 : Quelle est la prochaine

escale ?

일 : この次はどこに止まりますか.

중 : 下回降落在什么地方 ?

54. 얼마 동안 섭니까 ?

영 : How long do we stop over

here ?

독 : Wie lange haben wir hier

Aufenthalt ?

불 : Combien de temps nous

arrêtons-nous ici ?

일 : どのくらい止まっていますか.

중 : 停多少时间 ?

55. 이 서류의 쓰는 법을 가르쳐 주세요.

영 : Please show me how to fill in this form.

독 : Wie muß ich dieses For mular ausfullen?

불 : Dites-moi comment remplir ces formalites.

일 : (入國書類を見せて) この 書類 の書き方を教えて下さい.

중 : 請告訴我这張文件 的写法吧.

56. 출발할 때 알려 주십시오.

영 : Please tell me when the
plane is about to leave.

독 : Sagen Sie mir bitte, wann
das Flugzeug wieder
abfliegt.

불 : Quand l'avion part-il ?

일 : 出發の時を教えて下さい.

중 : 出发时候，請叫我一声吧.

57. 나는 관광객입니다.

영 : I am a tourist.

독 : Ich bin Tourist.

불 : Je suis touriste.

일 : 私は觀光客です.

중 : 我是个观光的旅客.

◇회화를 위한 기본 단어
- 남쪽⇨〔영〕south(사우스). 〔독〕der Süder(데어 쉬덴). 〔불〕le sud(르 쉬드) 〔일〕南(미나미). 〔중〕南(난)
- 북쪽⇨〔영〕north(노스). 〔독〕der Norden(데 노르덴). 〔불〕le nord(르 노르). 〔일〕北(기다). 〔중〕北(뻬이)

58.　(일주일 간) 머뭅니다.

영 : I am going to stay for (a week).

독 : Ich möhte für (eine bleiben).

불 : Je woche sèjourner (une semaine).

일 : (一週間) 滞在します.

중 : 我要逗留 (一个星期).

59. 이것은 친구에게 줄 선물입니다.

영 : This is a gift for a friend.

독 : Das ist ein Geschenk für einen Freund.

불 : C'est un cadeau pour un ami.

일 : これは友人への土産品です

중 : 这是給朋友的礼品

◇회화를 위한 기본 단어
● 도로 ⇨ 〔영〕road(로드). 〔독〕die Straße (디 쉬트라세). 〔불〕la route(라 루뜨) 〔일〕道路(도오로). 〔중〕道路(다오루)

60. ～에서는 (이천원) 쯤 합니다.

영：It costs about (2000) yen

in～

독：Es kostet in～ungefähr

(2000) Yen.

불：Il coûte environ (2000) Yen

au ～

일：～では(2千)円くらいします.

중：在日～得日幣(兩千)圓左右.

61. 이것은 일본에 가지고 갈 선물입니다.

영 : This is a souvenir I'm

taking to Japan.

독 : Das ist ein Andenken, das

ich nach Japan mitnehmen

möchte.

불 : C'est un souvenir que j'em-

porte au Japon.

일 : これは日本に持ち帰る土産品

<ruby>です<rt>데 스</rt></ruby>．

중：<ruby>这是要带回日本的土产品<rt>쩌시야오따이휘리번더투찬</rt></ruby>．

◇회화를 위한 기본 단어

● 유원지 ⇨ 〔영〕 recreation ground (레그레이션 그라운드). 〔독〕 der Vergnüg ung-spark(데어 페어그뉘궁스파르크). 〔불〕 la cour de récréation(라 꾸르드 레끄레아시옹). 〔일〕遊園地(유우엔찌). 〔중〕遊园地(유완띠)

62. 이 영수증을 주십시오.

영 : May I have a receipt for

it ?

독 : Könnte ich eine Quittung

dafür haben ?

불 : Je voudrais un reçu.

일 : その預り証を下さい.

중 : 給我那个存条吧.

◇회화를 위한 기본 단어
● 바다 ⇨〔영〕sea (시이).〔독〕das Meer
(다스 메르).〔불〕la mer (라 메르)
〔일〕海 (우미).〔중〕海洋 (하이양)

63. 승선 시간은 몇 시입니까?

영 : When do we embark?

독 : Wann gehen wir an Bord?

불 : Quand est-ce qu'on embar-

que?

일 : 乘船時間は何時ですか.

중 : 上船時間是几点钟呢.

◇회화를 위한 기본 단어
● 이쪽⇨〔영〕this side(디스 사이드). 〔독〕
auf dieser Seite(아우프 디저 자이테)
〔불〕ce côté(스 꼬떼). 〔일〕こちら側(고
찌라가와). 〔중〕这辺(쩌삔)

64. 언제 배가 떠납니까?

영 : When does this ship sail?

독 : Wann fährt das Schiff ab?

불 : Quand ce bateau part-il?

일 : いつ出帆しますか.

중 : 什么時候开船呢?

◇회화를 위한 기본 단어
- 사과⇨〔영〕apple(애플). 〔독〕der Apfel(데어 아프펠). 〔불〕la pomme(라 뽐). 〔일〕りんご(링고). 〔중〕苹果(핑꿔)
- 귤⇨〔영〕orange(오렌지). 〔독〕die Orange(디 오란제). 〔불〕l'orange(로랑지). 〔일〕みかん(미깡). 〔중〕橘子(쮜즈)

65. 정박 중에 시내를 구경하고 싶습니다.

영 : I want to do some sightse
eing while the ship is in
port.

독 : Ich möchte mir einige Seh-
enswürdig keiten ansehen,
wahrend das Schiff im Ha-
fen ist.

불 : Je désire faire quelques

excursions pendant l'escale.

데이하꾸쭈우 니마찌 오 겐부쓰 시 다 이
일：停泊中に町を見物したい．

띵뿨쭝워야오샹쩨 상유란취
중：停泊中, 我要上街上遊覽去．

◇회화를 위한 기본 단어
- 저쪽⇨〔영〕opposite side(오퍼지트 사이
  드). 〔독〕auf der anderen Seite(아우프
  데르 안데렌 자이테). 〔불〕l'autre côte
  (로뜨르 꼬떼). 〔일〕向こう側(무꼬오가
  와). 〔중〕那辺(나뺀)

66. 내 식사 시간은 몇 시부터 입니까?

영 : Please tell me what the dining hours are.

독 : Können Sie mir die Essen- szeiten sagen?

불 : Voulez-vous me di l'heure des repas?

일 : 私の食事時間は何時からで すか.

중 : 我吃飯的時間是在几点钟的

呢？

◇회화를 위한 기본 단어
- 네거리⇨〔영〕street crossing (스트리트 크로싱). 〔독〕die Straßenkreuzung (디 쉬트라센크로이쭝). 〔불〕le carrefour (르까르푸르). 〔일〕交叉点(고우사뗑). 〔중〕十字路 (시쯔루), 交叉点 (자오차뗸)

67. 교환소는 어디입니까?

영 : Where can I change some money?

독 : Wo kann ich etwas Geld wechseln?

불 : Ou puis-je changer de l'ar- gent?

일 : 両替所はどこですか.

중 : 兌換所在哪儿?

68. (미국 은행)은 몇 시까지
하고 있읍니까?

영 : How late is the (Bank of
America) open?

독 : Wie lange ist die (Bank of
America) offen?

불 : A quelle heure la (Bank of
America) ferme-t-elle?

일 : アメリカ銀行) は何時までや
っていますか.

중 : (美國銀行) 營业到几点鈡.

69. (20달러) 바꾸어 주십시오.

영 : Please change (20) dollars.

독 : Bitte, wechseln Sie mir (20) Dollar.

불 : Pouvez-vous changer ces (20) dollars ?

일 : (20ドル) 両替して下さい.

중 : 請你兌換(二十美金) 吧.

◇회화를 위한 기본 단어
● 이것⇨〔영〕this(디스). 〔독〕dieser(디저)
〔불〕ceci(서시). 〔일〕これ(고레). 〔중〕
这个(쩌거)

70. 잔돈도 섞어 주십시오.

영 : I want some small change.

독 : Ich möchte etwas Kleingeld

haben.

불 : Je voudrais avoir de la

Petite monnaie.

일 : 小錢も混ぜて下さい.

중 : 零錢也包括在内吧.

71. 다시 달러로 바꾸어 주세요.

영 : Please change this back in
to dollars.

독 : Bitte, wechseln Sie das in
Dollar zurück.

불 : Pouvez-vous reconvertir
ceci en dollars ?

일 : ドルに再交換して下さい.

중 : 再換成美元吧.

72. 여행 수표를 잃었읍니다.
재발행해 주시겠읍니까?

영 : I've lost my traveler's

checks. Can I have them

reissued ?

독 : Ich habe meine Reische-

cks. verloren Kann ich die

Schecks neu ausgestellt

bekommen ?

불 : J'ai perdu mes cheques de

브와야즈
voyage.

료꼬우 고 기 떼 오 나 꾸 시 마 시 다 사이
일 : 旅行小切手をなくしました再

하 꼬우 시 데 모 라 에 마 스 까
發行してもらえますか.

워빠뤼 싱 융 찌 빠오 듀 러 넝 뿌 넝
중 : 我把旅行用支票丟了能不能

께이워짜이파싱너
給我再发行呢?

73. 관광 안내소는 어디 입니까 ?

영 : Where is the tourist infor mation office ?

독 : Wo ist das Fremden verkehrsamt ?

불 : Ou est le bureau de renseingements ?

일 : 觀光案内所はどこですか.

중 : 觀光指南所在哪儿 ?

74. 어디 좋은 호텔을 소개해 주십시오.

영 : Can you recommend a good hotel ?

독 : Können Sie ein mir gutes Hotel empfehlen ?

불 : Pourriez-vous me recommander un bon hôtel ?

일 : どこか良いホテルを紹介して下さい.

중 : 請你給我介紹一个好的飯店.

75. 버스〔리무진〕 정류장은 어디입니까?

영 : Where does the bus 〔the limousine〕 leave?

독 : Wo fährt der Omnibus 〔Wagen〕 ab?

불 : D'ou L'antobus 〔la limousine〕 partil 〔part-elle〕?

일 : バス〔リムジーン〕の乗リ場はどこですか.

중 : 公共汽車(机場巴士車)的車站在哪儿?

76. 이 짐을 택시까지 갖다 주세요.

영 : Take this baggage to the taxi, please.

독 : Bringen Sie bitte dieses Gepäck zum Taxi.

불 : Emportez ces bagages au taxi, s'il vous plaît.

일 : この荷物をタクシーまで運んで下さい.

중 : 这个行李搬运到出租汽车里吧.

77.　～호텔로 가 주세요.

영 : Take me to ～ Hotel.

독 : Bringen Sie mich bitte zum

　　Hotel～.

불 : Conduisez-moi à l'hôtel～.

일 : ～ホテルヘ行って下さい.

중 : 到这饭店去吧.

◇회화를 위한 기본 단어
● 주소⇨〔영〕address(어드레스). 〔독〕die
Adresse(디 아드레세).　〔불〕l'adresse
(라드레스). 〔일〕住所(주우쇼). 〔중〕住
址(쭈찌)

78. (주소를 보이면서) 여기에
가 주세요.

영 : Take me to this place.

독 : Bringen Sie mich bitte zu
dieser Adresse.

불 : Conduisez-moi a cet endroit.

일 : (住所書きを見せて) ここへ行
って下さい.

중 : 到这个地方去吧.

79. 오늘밤 예약한 ~ 입니다.

영 : My name is ~ . I have a
reservation here for to
night.

독 : Mein Name ist ~ . Ich bin
hier für heute abend ange-
melde.

불 : Mon nom est ~ . J'ai
une reservation pour cette

뮈
nuit.

곤 방 요야꾸 시 다 ~ 데 스
일：今晩予約した ～ です.

워시위웨찐예더팡젠더춘텐
중：我是予約今夜的房間的村田.

◇회화를 위한 기본 단어
● 공중전화⇨public telephone(퍼블릭 텔리포운). 〔독〕das öffentliche Telefon (다스 외펜틀리헤 텔리폰). 〔불〕le telephone public(르 뗄레폰 쀠블리끄). 〔일〕公衆電話(고오슈우뎅와). 〔중〕公用电話(꿍융뗀화)

80. 방 값은 얼마입니까?

영 : What is the price of the

room ?

독 : Wie teuer ist das Zimmer?

불 : Quel est le prix de cette

chambre ?

일 : 部屋代はいくらですか.

중 : 房間費要多少錢?

◇회화를 위한 기본 단어
- 저 것⇨〔영〕that (댓, 대트).〔독〕jener (예
  너).〔불〕cela (슬라).〔일〕あれ (아레).
  〔중〕那个 (나거)

81. 선금은 필요합니까?

영 : Do you require a deposit ?

독 : Muß ich eine Anzahlung

machen ?

불 : Voulez-vous un acompte ?

일 : 前金はいりますか.

중 : 要不要予付款呢?

◇회화를 위한 기본 단어
● 개찰구⇨〔영〕wicket(위켓). 〔독〕die Sp-
erre(디 쉬페레). 〔불〕le contrôle(르 꽁
뜨롤). 〔일〕改札口 (가이사쓰구찌).〔중〕
剪票口 (젠빠오코우)

82. 더 싼 방은 없읍니까?

영 : Do you have anything chea-

per ?

독 : Haben Sie etwas Billigeres?

불 : Avez-vous quelque chose de

meilleur marche ?

일 : もっと安い部屋はありませんか.

중 : 有没有便宜点儿的房間.

◇회화를 위한 기본 단어
- 그것⇨〔영〕it(이트). 〔독〕es(에스).〔불〕
  le(르). 〔일〕それ(소레). 〔중〕那个(나
  거)

83. 조용한 방을 부탁합니다.

영 : Give me a quiet room.

독 : Geben Sie mir bitte ein
ruhiges Zimmer.

불 : Donnez-moi une chambre
tranquille.

일 : 静かな部屋を頼みます.

중 : 給我选一个寂静的房間吧.

84. 오늘밤 투숙할 수 있읍니까?

영 : Can you give me a room

for tonight ?

독 : Können Sie mir ein Zimmer

für diese Nacht geben ?

불 : Avez-vous une chambre po-

ur la nuit ?

일 : (予約なしで)今晩泊まれますか.

중 : (我没有定房) 今晚能不能住

啊 ?

85. 목욕탕〔샤워〕이 있는 방에 들고 싶어요.

영 : I want a room with bath

〔shower〕.

독 : Ich möchte ein Zimmer mit

Bad 〔Dusche〕.

불 : Je désire une chambre avec

salle de bains 〔douche〕.

일 : 風呂〔シャワー〕付きの部屋

にしたい.

워야오띵이거따이위치〔린위〕더

중 : 我要定一个帶浴池〔淋浴〕的

팡젠

房間.

◇회화를 위한 기본 단어

- 보통열차⇨〔영〕ordinary train(오디너리 트레인). 〔독〕der Personenzug(데어 페르조넨쭈크). 〔불〕le train omnibus (르 뜨렝 옴니뷔스). 〔일〕普通列車(후쓰우 렛샤). 〔중〕普通列車(푸퉁례처)

- 야간열차⇨〔영〕night trina(나이트 트레인). 〔독〕der Nachtzug(데어 나하트쭈크). 〔불〕le train de nuit(르 뜨렝 드 뉘이). 〔일〕夜行列車(야꼬우 렛샤). 〔중〕夜車(예처)

86. 더블·베드가 있는 방에 들고 싶어요.

영：I want a double room.

독：Ich möchte ein Doppelzim

mer.

불：Je désire une chambre avec

lit double.

일：ダブル・ベッドの部屋にしたい

중：我要定一个有双人床的房間.

87. 요금에는 아침 식사도 포함 되어 있읍니까 ?

영 : Does this rate include break-

fast ?

독 : Ist das Frhstück diesem

Preis eingeschlossen ?

불 : Le petit dejeuner est-il

compris ?

일 : 料金は朝食付きですか.

중 : 这个费用是早飯錢也在内的

嗎 ?

88. 체재를 하루 연장하고 싶습니다.

영 : I want to stay one day longer.

독 : Ich möchte einen Tag läger bleiben.

불 : Je desire sejourner un jour de plus.

일 : 滞在を一日延ばしたい.

중 : 我要再多住一天.

89. 하루 미리 떠나고 싶어요.

영 : I want to leave one day
earlier.

독 : Ich möchte einen Tag
frÿher abreisen.

불 : Je desire partir un Jour
plus tôt.

일 : 一日早く發ちたい.

중 : 我要早一天起身.

90. 내일 아침 여덟 시에 출발 합니다.

아일 리브 애트(에잇) 투모로우
영 : I'll leave at (eight) tomorrow.

이히 베르데 모르겐 움 (아하트)
독 : Ich werde morgen um (acht)
우르 아프라이젠
Uhr abreisen.

즈 빠리띠레 드멩 아 (위이뜨)
불 : Je partirai demain à (8)
뗘르
heures.

묘오쪼우(하찌) 지 니 다 찌 마 스
일 : 明朝(8)時に發ちます.

밍텐짜오샹(빠) 뗸쭝
중 : 明天早上(八)点鈡我要起身.

91. 이 짐을 ~시까지 맡아 주세요.

영 : Please keep this baggage
till ~ o'clock.

독 : Bewahren Sie bitte dieses
Gepäck bis ~ Uhr auf.

불 : Gardez ces bagages jusqu'a
~, s'il vou plaît.

일 : この荷物を~時まで預って下
さい.

중: <ruby>这个<rt>쩌거</rt></ruby> <ruby>行李<rt>싱리</rt></ruby> <ruby>給<rt>께이</rt></ruby> <ruby>我<rt>워</rt></ruby> <ruby>保管<rt>빠오꽌</rt></ruby> <ruby>到<rt>다오</rt></ruby>~<ruby>点鈡<rt>뗸쭝</rt></ruby>

這個行李給我保管到～点鈡吧.

◇회화를 위한 기본 단어

● 왕복표⇨〔영〕round-trip ticket(라운드 트립 티켓). 〔독〕die Rückfahrkarte (디 뤼크파르카르테). 〔불〕le billet d'aller et retour(르 비예 달레 에 러뚜르). 〔일〕往復切符(오오후꾸깃부). 〔중〕往返車票(왕판처빠오)

● 시간표⇨〔영〕timetable〔타임테이블). 〔독〕der Fahrplan(데어 파르플란). 〔불〕l'horaire(로레르). 〔일〕時刻表(지고꾸효오). 〔중〕時間表(시젠빠오)

92. 계산을 부탁합니다.

영 : I want to settle my account.

독 : Meine Rechnung, bitte.

불 : Je desire regler la note.

일 : 会計を願います.

중 : 請你算帳吧.

◇ 회화를 위한 기본 단어

● 입구 ⇨ 〔영〕entrancg(엔트런스). 〔독〕der Eingang(데어 아인강). 〔불〕l'entree(랑뜨레). 〔일〕入口(이리구찌). 〔중〕入口(루코우)

● 출구 ⇨ 〔영〕exit(에그지트). 〔독〕der Ausgang(데어 아우스강). 〔불〕la sortie(라 소르띠). 〔일〕出口(데구찌). 〔중〕出口(추코우)

93. 방을 바꾸고 싶습니다.

영 : I'd like to change my room.

독 : Ich möchte mein Zimmer wechseln.

불 : Je voudrais changer de chambre.

일 : 部屋を変えたい.

중 : 我要換个房間.

◇회화를 위한 기본 단어
- 커피⇨〔영〕coffee(커피), 〔독〕der Kaffee(데어 카페). 〔불〕le cafe(르 까페). 〔일〕コーヒー(고히). 〔중〕咖啡(카페이)

94. 보이를 불러 주세요.

영 : Please call a room boy.

독 : Rufen Sie bitte einen Boy.

불 : Appelez un garçon, s'il vous

plaît botones.

일 : ボーイを呼んで下さい.

중 : 請叫一个茶房来.

◇회화를 위한 기본 단어
● 독방⇨〔영〕single room (싱글 룸). 〔독〕
das Einzelzimmer (다스 아인쩰찌머).
〔불〕la chambre à un lit (라 샹브르 아
윙 리). 〔일〕一人部屋 (히도리베야).
(중)單人用房間 (딴런융팡젠)

95. 들어 오세요.

영 : Come in.

독 : Herein.

불 : Entrez.

일 : おはいりなさい.

중 : 進来吧.

◇회화를 위한 기본 단어
- 이번달⇨〔영〕this month(디스 먼스).
  〔독〕diesen Monat(디젠 모나트). 〔불〕
  ce mois-ci(스 모와 시). 〔일〕今月 (공
  게쓰).〔중〕本月 (뻔웨)
- 지난달⇨〔영〕last month(라스트 먼스).
  〔독〕letzten Monat(레츠텐 모나트).〔불〕
  le mois dernier(르 모와 데르니에).
  〔일〕先月 (셍게쓰). 〔중〕上月 (샹웨)

96. 저녁 식사는 언제 할 수 있읍니까 ?

영 : When can I have dinner ?

독 : Wann kann ich zu Abend

essen ?

불 : A quelle heure peut-on dîner?

일 : 夕食はいつとれますか.

중 : 几点鈡开晚飯呢？

◇회화를 위한 기본 단어
● 커피숍⇨〔영〕coffee shop(커피 숍).
〔독〕das Café(다스 카페). 〔불〕le café
(르 까페). 〔일〕コーヒー・ショップ(고
히 쇼쁘). 〔중〕咖啡店(카페이뗀)

97. 비상구는 어디입니까?

영 : Where is the fire exit?

독 : Wo ist der Notausgang?

불 : Où est la sortie de secours?

일 : 非常口はどこですか.

중 : 太平門在哪儿?

◇회화를 위한 기본 단어
- 손수건⇨〔영〕handkerchief(행커치프).
  〔독〕das Taschentuch(다스 타센투흐).
  〔불〕le mouchoir(르 무시와르). 〔일〕ハ
  ンカチ(항가찌). 〔중〕手帕(쇼우파)
- 휴지⇨〔영〕face tissue(페이스 티슈).
  〔독〕das Papiertaschentuch(다스 파피어
  타센투흐). 〔불〕le mouchoir de papier
  (르 무시와르 드 빠삐에). 〔일〕鼻紙(하
  나가미). 〔중〕草紙(차오찌)

98. 방을 더 따뜻하게〔시원 하게〕 해 주세요.

영 : Will you please make the room warmer 〔cooler〕 ?

독 : Würden Sie bitte das Zimmer wärmer 〔kühler〕machen.

불 : Pourriez-vous chauffer 〔rafraichir〕 cette chambre .

일 : 部屋をもっと暖かく〔涼しく〕して下さい.

중 : 請你把房間弄暖〔涼快〕一
点吧.

◇회화를 위한 기본 단어

- 홍차⇨〔영〕black tea(블랙 티). 〔독〕der
  schwarze(데어 쉬바르쩨). 〔불〕le the
  noir(르 떼 놔르). 〔일〕紅茶(고오짜).
  〔중〕紅茶(홍차)
- 우유⇨〔영〕milk(밀크). 〔독〕die Milch(디
  밀히). 〔불〕le lau(르 레). 〔일〕ミルク
  (미루꾸). 〔중〕牛奶(뉴나이)

99. 내일 아침 (여섯) 시에 깨워 주세요.

영 : Please wake me up at (6) o'clock tomorrow.

독 : Wecken Sie mich bitte mor-gen um (6) Uhr.

불 : Reveillez-moi a (6) heure demain, s'il vous plaît.

일 : 明朝(6)時に起こして下さい.

중 : 明天早上(六)点鈡叫我起来吧.

100. 아침 식사를 방에 갖다 주세요.

영 : Please bring my breakfast to my room.

독 : Bringen Sie mir bitte das Frühstück mein Zimmer.

불 : Apportez le petit dejeuner dans ma chambre.

일 : 朝食を部屋まで持ってきて下さい.

중 : 早飯給我拿到房間里来吧.

101. 이 편지를 항공〔배〕편으 로 부쳐 주십시요.

영 : Please send this by air
mail 〔sea mail〕.

독 : Schicken Sie das bitte mit
Luftpost〔gewöhnlicher Post〕.

불 : Pourriez-vous envover ceci
par avion 〔bateau〕?

일 : この手紙を航空〔船〕便で出し
て下さい.

중 : 这封信給我用空邮〔船邮〕寄上吧.

◇회화를 위한 기본 단어
- 일층⇨〔영〕ground floor(그라운드 플로)〔독〕die Parterre(디 파르테르). 〔불〕le rez-de-chaussee(르레드쇼세). 〔일〕一階(잇가이). 〔중〕第一楼(띠이로우)
- 이층⇨〔영〕Second floor(세컨드 플로). 〔독〕der erste Stock(데어 에르스테 쉬토크). 〔불〕le premier etage(르 쁘레미에 에따즈). 〔일〕二階(니까이). 〔중〕第二楼(띠어르로우)

102. 이것을 다림질 해 주세요.

영 : Iron these things.

독 : Bitte bügeln Sie diese

Sachen.

불 : Repassez ces effets, s'il

vous plaît.

일 : これにアイロンをかけて下さい。

중 : 把这件衣服給我熨一熨吧.

103. 이 근처의 좋은 식당을 가르쳐 주세요.

영 : Can you recommend a good restaurant near here ?

독 : Können Sie mir ein gutes Restaurant hier in der Nähe empfehlen ?

불 : Pouvez-vous me recomman- der un bon restaurant près d'ici ?

일 : この近くのよいレストランを教

えて下さい.

중 : 請你教給我这附近 的一个好

的食堂.

◇회화를 위한 기본 단어
● 엘리베이터⇨〔영〕elevator (엘리베이터).
〔독〕der Aufzug (데어 아우프쭈크).〔불〕
l'ascenseur (라상수르). 〔일〕エレベータ
(에레베따). 〔중〕电梯 (뗸티)

104. 이 집에서 잘하는 음식은 무엇입니까?

영 : What is the specialty of

this restaurant ?

독 : Was ist die Spezialiät dieses

Restaurants ?

불 : Quel est le plat spécial de

ce restaurant ?

일 : ここの自慢料理は何ですか.

중 : 这食堂拿手的特别菜是什么 ?

105. 저것과 같은 것을 주세요.

영 : Give me the same order as that.

독 : Bitte geben Sie mir das gl-eiche was mein Nachbar hat.

불 : Servez-moi le même plat que celui-ci.

일 : あれと同じものを下さい.

중 : 給我一碗跟那个一样的菜吧.

106. 이 요리에 맞는 술을 주십시오.

영 : Bring me some wine that
will go well with this food.

독 : Bringen Sie mir bitte einen
Wein, der gut zu diesem
Essen paßt.

불 : Avez-vous un vin qui aille
avec ce plat ?

일 : この料理に合うワインを下さい.

중：給我来一杯对这个菜合適的酒．

◇회화를 위한 기본 단어
- 딸기⇨〔영〕strawberry(스트로버리).
  〔독〕die Erdbeere(디 에르트베레).〔불〕
  la fraise(라 프레즈).〔일〕いちご(이찌
  고).〔중〕草莓(차오메이)
- 과일⇨〔영〕fruit(프루트).〔독〕das Obst
  (다스 오프스트).〔불〕les fruits(레 프
  뤼이).〔일〕果物(구다모노).〔중〕水果
  (쉬꿔)

107. 소금〔후추〕을 주세요.

영 : May I have some salt
〔pepper〕 please ?

독 : Salz〔Pfeffer〕, bitte.

불 : Je voudrais du sel〔poivre〕.

일 : 塩〔胡椒〕を下さい.

중 : 給我一些食鹽〔胡椒〕.

◇회화를 위한 기본 단어
 ●화장품⇨〔영〕cosmetics(코즈메틱스).
  〔독〕die kosmetischen Artikel(디 코스메
  티셴 아르티켈).〔불〕le cosmetique(르
  코스메 띠끄).〔일〕化粧品(게쇼우 힝).
  〔중〕化妝品(화쨩핀)

108. 빵을 좀 더 주세요.

영 : Some more bread please.

독 : Bitte, noch etwas Brot.

불 : Encore un pen de pain, s'il

vous plaît.

일 : パンをもう少し下さい.

중 : 再来一点面包吧.

◇회화를 위한 기본 단어
- 밥⇨〔영〕boiled rice(보일드 라이스).
〔독〕der gekochte Reis(데어 게코호테 라이스). 〔불〕le riz bouilli(르 리 부유 이). 〔일〕ご飯(고항). 〔중〕米飯(미판)

109. 이것은 내가 주문한 것이 아닙니다.

영 : This is not what I ordered.

독 : Das ist nicht das, was ich

bestellt habe.

불 : Ce n'est pas ce que J'ai

commande.

일 : これは私が注文したものでは

ない.

중 : 这不是我点的菜.

110. 디저트로는 푸딩을 주세요.

영 : I want some pudding for dessert.

독 : Ich möchte einen Pudding als Nachtisch.

불 : Je desire du Pudding comm dessert.

일 : デザートにプリンを下さい.

중 : 餐后的点心，来一个布丁吧.

111. 잘 먹었읍니다. (식사 후의 인사)

영 : Thank you. It was delicious.

독 : Danke, es hat gut ge sch meckt.

불 : Merci, c'etait delicieux.

일 : ごちそうさま.

중 : 真好吃, 謝謝你.

◇회화를 위한 기본 단어
● 아침 (식사) ⇨ 〔영〕breakfast (브렉 퍼스 트). 〔독〕das Frühstück (다스 프뤼쉬뤼 크). 〔불〕le petit déjeuner (르 쁘띠 데 죄네). 〔일〕朝食 (쬬오쇼꾸). 〔중〕早餐 (자오찬)

112. 이 계산서에 서비스료가 포함되어 있읍니까?

영 : Does the bill include the

service charge ?

독 : Ist die Bedienung in der

Rechnung eingeschlossen ?

불 : Le service est-il compris ?

일 : この勘定にサービス料は含ま

れていますか.

중 : 这个帳是小費在内的嗎 ?

113. ～가는 기차는 어느 역에 서 떠납니까 ?

영 : What station does the train

for ～leave from ?

독 : Von welchem Bahnhof fährt

der Zug nach ～ ab ?

불 : Quelle est le gare d'ou

part le train pour～ ?

일 : ～行きの汽車は何駅から出ま

すか.

중 : <ruby>到~去的火車是從什 公站出<rt>다오~취더훠처시충선머짠추</rt></ruby>

<ruby>发的？<rt>파더</rt></ruby>

◇회화를 위한 기본 단어
- 점심(식사) ⇨ 〔영〕lunch(런치). 〔독〕das Mittagessen(다스 미타크에센). 〔불〕le déjeuner(르 데죄네). 〔일〕昼食(쭈우쇼꾸). 〔중〕午餐(우찬)
- 저녁(식사) ⇨ 〔영〕supper(서퍼), dinner (디너). 〔독〕das Abendessen(다스 아벤트에센). 〔불〕le diner(르 디네). 〔일〕夕食(유우쇼꾸). 〔중〕晚餐(완찬)

114. 침대차가 붙어 있읍니까 ?

영 : Does this train have a slee-

ping car ?

독 : Hat dieser Zug einen Schla-

fwagen ?

불 : Ce train a-t-il un wagen lit ?

일 : 寝台車はついていますか.

중 : 有臥車嗎 ?

115. 이 표를 취소할 수 있읍니까 ?

영 : Can I cancel this ticket ?

독 : Kann ich diese Fahrkarte

zurükgeben ?

불 : Pouvez-vous annuler ce

billet ?

일 : この切符を取消せますか.

중 : 能不能取消这張車票

116. 그것은 급행 열차입니까?

영 : Is it an express ?

독 : Ist es ein Schnellzug ?

불 : Est-ce un express ?

일 : それは急行列車ですか.

중 : 那是快車嗎?

◇회화를 위한 기본 단어
- 올해 (금년) ⇨ 〔영〕this year (디스 이어). 〔독〕dieses Jahr (디제스 야르). 〔불〕cette annee (세뜨 아네). 〔일〕今年 (고도시). 〔중〕今年 (찐녠)
- 지난해 ⇨ 〔영〕last year (라스트 이어). 〔독〕letztes Jahr (레츠테스 야르). 〔불〕l'année dernière (라네 데르니에르). 〔일〕昨年 (사꾸넨). 〔중〕去年 (취녠)

117. 이 열차는 ～에 정거합니까?

영 : Does this train stop at～?

독 : Hält dieser Zug in ～?

불 : Ce train s'arrete-t-il a～?

일 : この列車は～に停まりますか.

중 : 这趟火车在～停车嗎?

118. 어디서 바꾸어 탑니까?

영 : Where do I have to transfer ?

독 : Wo muß ich umsteigen ?

불 : Où dois-je changer de train ?

일 : どこで乗り換えるのですか.

중 : 在哪儿換車 ?

119. ～까지 얼마나 걸립니까 ?

영 : How long does it take to
go to ~ ?

독 : Wie lange dauert die Reise
nach ~

불 : Combien de temps faut-il
pour aller a ~ ?

일 : ～までどのくらいかかりますか.

중 : 到～得多少時間呢 ?

120. 식당차는 있읍니까 ?

영 : Does this train have a

dining car ?

독 : Hat dieser Zug einen Spei-

sewagen ?

불 : Est-ce que ce train a un

wagon-restaurant ?

일 : 食堂車はついていますか.

중 : 有餐車嗎 ?

121. 지금 어디를 지나고 있읍 니까?

영 : Where are we passing now?

독 : Wo sind wir jetzt?

불 : Ou sommes-nous mainte-

nant?

일 : 今どこを走っていますか·

중 : 現在到了什么地方呢?

◇회화를 위한 기본 단어
● 영수증⇨〔영〕bill(빌). 〔독〕die Rechnung (디 레흐눙). 〔불〕la note(라 노뜨). 〔일〕勘定書(간조오가끼). 〔중〕帳單(짱 딴)

122. 담배를 피워도 좋습니까?

영 : May I smoke?

독 : Darf ich hier rauchen?

불 : Puis-je fumer?

일 : 煙草をすってもいいですか.

중 : 可以抽烟嗎?

123. 다음 정거장은 어디입니까?

영 : What is the next station ?

독 : Wie heißt der nachste

Bahnhof ?

불 : Quelle est la gare suivante ?

일 : 次の停車駅はどこですか.

중 : 下站是什么地方呢?

◇회화를 위한 기본 단어
● 이번주(금주)⇨〔영〕this week(디스 위크). 〔독〕diese Woche(디제 보헤).〔불〕cette semaine(세뜨 스멘). 〔일〕今週(곤슈우). 〔중〕这星期(쩌싱치)

124. 표를 잃었읍니다. 어떻게 하면 좋습니까?

영 : _{아이 해브 로스트 마이 티켓 횟}
I have lost my ticket. What

_{셜 아이두}
shall I do?

독 : _{이히 하베 마이네 파르카르테}
Ich habe meine Fahrkarte

_{페를로렌 바스 무스 이히}
verloren. Was muß ich

_{예쯔트 툰}
jetzt tun?

불 : _{제 뻬르뒤 몽 비예}
J'ai perdu mon billet.

_{꼬망 페르}
Comment faire?

일 : _{깃 부 오 나 꾸 시 마 시 다 도 오 스 레}
切符をなくしましたどうすれ

바 요 이 데 쇼 오

ばよいでしょう.

워뚜러처빠오 전머빤하오너

중 : 我丢了车票怎么辦好呢？

◇회화를 위한 기본 단어

● 시내버스⇨〔영〕city bus(시티 버스).
〔독〕der städtische Omn ibus(데어 쉬태
티세 옴니부스). 〔불〕l'autobus de la
ville(로또뷔스 드 라 빌). 〔일〕市内バス
(시나이 바스). 〔중〕市内公共汽車(시네
이꿍꿍치처)

125. 택시 타는 곳은 어디입니까?

영 : Where is the taxi stand?

독 : Wo ist der Taxistand?

불 : Ou est la station de taxis?

일 : タクシー乗場はどこですか.

중 : 出租汽车站在哪儿?

◇회화를 위한 기본 단어

● 시외 버스⇨〔영〕trolley bus(트롤리 버스). 〔독〕der Oberleitung somnibus (데어 오베를라이퉁솜니부스). 〔불〕le trolleybus(르 뜨를레뷔스). 〔일〕トロリーバス (도로리 바스). 〔중〕无轨电车(우꿰이뗀처)

126. 택시를 불러 주세요.

영 : <ruby>Call<rt>콜</rt></ruby> <ruby>a<rt>어</rt></ruby> <ruby>taxi<rt>택시</rt></ruby>, <ruby>please<rt>플리즈</rt></ruby>.

독 : <ruby>Rufen<rt>루펜</rt></ruby> <ruby>Sie<rt>지</rt></ruby> <ruby>ein<rt>아인</rt></ruby> <ruby>Taxi<rt>타크시</rt></ruby>, <ruby>bitte<rt>비테</rt></ruby>.

불 : <ruby>Appelez<rt>아쁠레</rt></ruby>-<ruby>moi<rt>모와</rt></ruby> <ruby>un<rt>욍</rt></ruby> <ruby>taxi<rt>따끄시</rt></ruby>, <ruby>s'il<rt>실</rt></ruby>

<ruby>vous<rt>부</rt></ruby> <ruby>plaît<rt>쁠레</rt></ruby>.

일 : タクシーを呼んで下さい.

중 : 請叫一換出租汽車吧.

◇회화를 위한 기본 단어
● 시청⇨〔영〕city hall(시티 홀). 〔독〕das Rathaus(다스 라트하우스). 〔불〕la mairie(라 메리). 〔일〕市庁舎(시쪼우샤). 〔중〕市政庁(시쩡 팅)

127. ～까지 얼마입니까?

영 : About how much is the fare
to～ ?

독 : Wieviei kostet es un gefähr
bis～ ?

불 : Quel est le prix de la cour-
se jusqu'a～ ?

일 : ～まで幾らで行きますか.

중 : 到～要多少錢呢?

128. 여기서 잠깐 기다려 주세요.

영 : Please wait a moment for
me here.

독 : Bitte warten Sie hier einen
Augenblick auf mich

불 : Attendez-moi ici un instant,
S'il vous plaît.

일 : ここでちょっと待っていて下
さい.

중 : 請在这儿等一会儿吧.

129. 똑바로 가세요.

고우　스트레이트　온　플리즈
영 : Go straight on please.

게라데아우스　비테
독 : Geradeaus, bitte.

알레　뚜　드롸
불 : Allez tout droit.

맛　스구니　잇　데구다사이
일 : まっすぐに行って下さい.

이찌취빠
중 : 一直去吧.

◇회화를 위한 기본 단어
● 식물원⇨〔영〕botanical gardens （버태니
컬 가든즈）. 〔독〕der botanische Gart-
en（데어 보따니셰 가르텐）. 〔불〕le jar-
din botanique（르 자르뎅 보따니끄）.
〔일〕植物園（쇼꾸부쓰엥）. 〔중〕植物园（찌
우완）

130. 다음 모퉁이에서 오른 쪽으로 돌아 가세요.

영 : Turn to the right [left] at the next corner

독 : An der nächsten Ecke bitte rechts [links] einbiegen.

불 : Tournez à droite [gauche] au coin suivant.

일 : 次の角を右[左]へ曲がって下さい.

중 : 在下一个角往右(往左)拐弯儿吧.

131. 여기서 세워 주세요.

영 : Stop here, please.

독 : Halten Sie bitte hier.

불 : Arrêtez ici, s'il vous plaît.

일 : ここで止めて下さい.

중 : 在这儿停车吧.

132. 얼마죠. (값을 물을 때)

영 : What is the fare ?

독 : Wieviel muß ich bezahlen ?

불 : Quel est le prix de la

course ?

일 : 幾らですか.

중 : 多少錢吧 ?

◇회화를 위한 기본 단어
● 광장⇨〔영〕public square (퍼블릭스퀘어)
〔독〕der öffentliche Platz (데어 외펜틀
리헤 플라츠). 〔불〕la place, le square
(라 쁠라스 르 스까르). 〔일〕広場 (히로
바). 〔중〕広場 (꽝창)

133. 잔돈은 그만 두세요.

영 : keep the change.

독 : Behalten Sie den Rest.

불 : Gardez la petite monnaie.

일 : つり錢はとっといて下さい.

중 : 你留着找的錢吧公.

◇회화를 위한 기본 단어

● 다음달⇒〔영〕next month (넥스트 먼스).
〔독〕nächsten Monat (네크스텐 모나트).
〔불〕le mois prochain (르 모와 쁘로셍).
〔일〕來月 (라이게쓰). 〔중〕下月 (샤웨)

● 다음해⇒〔영〕next year (넥스트 이어).
〔독〕nächstes Jahr (네크스테스 야르).
〔불〕l'annee prochaine (라네 쁘로셴).
〔일〕來年 (라이넨). 〔중〕明年 (밍 녠)

134. 요금표를 보여 주세요.

영 : Show me a list of your
rates.

독 : Zeigen Sie mir bitte Ihre
Preisliste.

불 : Montrez-moi une liste des
prix de location.

일 : 料金表を見せて下さい.

중 : 給我看看租費表.

135. 사고 때의 연락처를 가르쳐 주세요.

영 : Give me some places to Call

in case of trouble.

독 : Geben Sie mir bitte einige

Adressen, die ich anrufen

kann, wenn etwas passiert.

불 : Dites-moi ou je vous retr-

ouve en cas de besoin.

일 : 事故の場合の連絡先を教えて

구다 사 이
下さい.

가오수워이거파성시꾸 시호우더
중 : 告訴我一个发生事故 时候的

렌뤼띠찌
连絡地址.

◇회화를 위한 기본 단어
● 버스 터미널⇨〔영〕bus terminal(버스 터미널). 〔독〕der Busbahnhof(데어 부스 반호프). 〔불〕le terminus des autobus (르 떼르미뉘스 데 아우또뷔스). 〔일〕バス・ターミナル(바스 다미나루).〔중〕公共汽車的終点站(꿍꿍치처 더쭝뗀짠)

136. 이것이 내 국제 운전 면허증입니다.

영 : This is my International Dr
iver's License.

독 : Das ist mein inter nationaler
Führerschein.

불 : C'est mon permis de cond
uire international.

일 : これが私の國際運転免許証です.

중 : 这是我的國際免許證

137. 내일 아침 ～호텔까지 차를 보내 주세요.

영 : Please send a car to the～
Hotel tomorrow morning.

독 : Bitte, schicken Sie morgen
früh einen Wagen zum ～
Hotel.

불 : Faites venir une voiture a
l'hôtel～demain matin. s'il
vous plaît.

일 : 明朝〜ホテルまで車を廻して下さい.

중 : 明天早上, 把汽車給我叫到飯店去吧.

138. 미안합니다만 ～로 가는 길을 가르쳐 주세요.

영 : Please tell me the way to～.

독 : Bitte zeigen Sie mir den Weg nach～.

불 : Pardon, quel est le chemin pour～?

일 : すみませんが～ へ行く道を教えて下さい.

중 : 請問, 到～怎么走好呢?

139. 이 근처에 우체국이 있읍니까 ?

영 : Is there a post office near here ?

독 : Ist ein Postamt hier in der Nahe ?

불 : Est-ce qu'il ya un bureau de poste pres dici ?

일 : この近くに郵便局がありますか.

중 : 这附近有邮局吗 ?

140. ～호텔은 여기서 멉니까 ?

영 : Is the ～ Hotel far from here ?

독 : Ist das Hotel～weit von hier?

불 : Est-ce que l'hôtel ～est loin d'ici ?

일 : ～ホテルはここから遠いですか

중 : ～飯店從这儿远不远 ?

◇회화를 위한 기본 단어
● 버터⇨〔영〕butter(버터).〔독〕die Butter
(디 부터).〔불〕le beurre(르 부르).
〔일〕バター(바다).〔중〕黄油(황유)

141. 여기는 어디입니까?

영 : Where are we now ?

독 : Wo sind wir jetzt ?

불 : Quel est cet endroit ici ?

일 : ここはどこですか.

중 : 这里是什么地方呢?

◇회화를 위한 기본 단어

● 포도⇨〔영〕grapes(그레이프스). 〔독〕die Traube(디 트라우베). 〔불〕le raisin(르 레젱). 〔일〕ぶどう(부도오). 〔중〕葡萄 (푸타오)

● 만년필⇨〔영〕fountain pen(파운틴 펜). 〔독〕der Füller(데어 필러). 〔불〕le stylo(르 스띨로). 〔일〕万年筆(만넨히쓰) 〔중〕自來水笔(쯔라이쉬삐)

142. 이 길은 뭐라고 합니까?

영 : What is this street?

독 : Wie heißt diese Straße?

불 : Qullee est cette route?

일 : この通りは何といいますか.

중 : 这条路叫什么呢.

◇회화를 위한 기본 단어
- 공원⇨〔영〕park(파크). 〔독〕der Park (데어 파르크). 〔불〕le parc(르 빠르끄) 〔일〕公園(고우엥). 〔중〕公园(꿍완)
- 영화관⇨〔영〕movie theater(무비 시어 티). 〔독〕das Kino(다스 키노). 〔불〕le cinema(르 시네마). 〔일〕映画館(에이가 깡). 〔중〕电影院(뗀잉완)

143. 저 건물은 무엇입니까?

영 : What is that building?

독 : Was ist das für ein

Gebaude?

불 : Quel est ce bâtiment?

일 : あの建物は何ですか.

중 : 那个房屋(＝建筑物)是什么

呢?

◇회화를 위한 기본 단어
● 수프⇨〔영〕soup(수푸). 〔독〕die Suppe
(디 수페). 〔불〕la soupe(라 수쁘).
〔일〕スープ(수뿌). 〔중〕湯(탕)

144. 관광 장소를 가르쳐 주세요.

영 : Please tell me some places
of interest here.

독 : Nennen Sie mir bitte einige
Sehenswürdigkeiten hier.

불 : Voulez-vous me dire quels
sont les endro its interess-
ants par ici?

일 : 觀光箇所を教えて下さい.

중 : 請你告訴我一些觀光的地方.

145. 나는 (세) 시간 여유가 있읍니다.

영 : I have (3) hours free time.

독 : Ich habe (3) Stunden frei.

불 : J'ai (3) heures libres.

일 : 私は(3)時間余裕があります.

중 : 我有〔三〕个鐘頭的工夫.

◇회화를 위한 기본 단어

● 호수⇨〔영〕lake(레이크).　〔독〕der See
(데어 제에).　〔불〕le lac(르 라끄).〔일〕
湖(미즈우미).　〔중〕湖(후)

● 온천⇨〔영〕hot spring(핫 스프링).　〔독〕
die Thermalquelle(디 테르말크벨레).
〔불〕la source thermale(라 수르스 떼르
말).　〔일〕温泉(온셍).　〔중〕温泉(원촨)

146. 어떤 순서로 돌아 보는 것이 좋습니까?

영 : Can you tell me the best sightseeing route to take ?

독 : Können Sie mir die beste Besichtigungstour angeben ?

불 : Quelle est la meil leure ex- cursion a faire ?

일 : どんな順序で廻るのが一番よいですか.

중 : 按怎样的順序遊覽最好呢 ?

147. 영어 안내서를 얻을 수 있읍니까?

영 : Can I have an English gui-

debook ?

독 : Kann ich einen Reise auf

Englisch haben ?

불 : Puis-je avoir un guide en

anglais ?

일 : 英語の案内書を貰えますか.

중 : 你給我一本英文的旅行指南

半好不好 ?

148. 일본말을 하는 안내원을 부탁하고 싶읍니다.

영 : I want a 〔Japanese〕spaking guide.

독 : Ich möchte einen Führer ha-ben, der (Japanisch) spricht.

불 : Je désire un guide parlant (japonais).

일 : (日本語) の話せるガイドを頼みたい.

중 : 我要請一个会説日本話的向導.

149. 하루 얼마입니까?

영 : What is the fee per day ?

독 : Wieviel kostet es pro Tag ?

불 : Quel est le tarif par jour ?

일 : 一日幾らですか.

중 : 多少錢一天?

◇회화를 위한 기본 단어
- 카바레⇨〔영〕cabaret(캐버레이트). 〔독〕das Kabarett(다스 카바레트). 〔불〕le cabaret(르 까바레). 〔일〕キャバレー(갸바레). 〔중〕酒家(쭈짜)
- 맥주홀⇨〔영〕beer hall(비어 홀). 〔독〕die Pierhalle(디 비르할레).〔불〕la brasserie(라 브라스리). 〔일〕 ビヤホール(비야호루). 〔중〕啤酒館子(피쭈꽌즈)

150. 시내 관광 버스 〔대절〕는 있읍니까 ?

영 : Are there any city sight -
seeing buses 〔cars for hire〕?

독 : Gibt es Busse 〔Mietwagen〕,
die Besichti gungsfahrten

불 : Est-ce qu'il ya des autobus
d'excursion 〔voitures de
louage〕 ?

일‥市内觀光バス〔ハイヤー〕はあ

리 마 스 까
りますか.

쩌리유메이유시네이꽌꽝 꿍꿍치
중 : 这里有没有市内观光公共汽

처 (빠오쭈치처) 너
车〔包租汽车〕呢 ?

◇회화를 위한 기본 단어
- ●그림엽서⇨〔영〕picture postcard(픽처포
  우스트카드).〔독〕die Ansichtskarte(디
  안지히츠카르테).〔불〕la carté postale
  illustrée(라 까르떼 뽀스딸 일뤼스드레)
  〔일〕絵はがき(에와가끼).〔중〕美术明信
  片(메이슈밍 신펜)
- ●촬영 금지⇨〔영〕NO PHOTOGRAPHI-
  NG(노우 포오토그래핑).〔독〕FOTO-
  GRAFIEREN VERBO TEN(포토그라
  피렌 페어보 텐).〔불〕DEFENSE DE
  PHOTOGRAPHIER(데팡스 드 포또그
  라피에).〔일〕撮影禁止(사쓰에이긴시).
  〔중〕禁止摄影(찐찌 셔잉)
- ●정원⇨〔영〕garden(가든).〔독〕der Gar-
  ten(데어 가르텐).〔불〕le jardin (르 자
  르뎅).〔일〕庭園(데이엥).〔중〕庭园(팅
  완)

151. 어디를 돕니까? (버스 노선)

영 : What can I see on   this
tour ?

독 : Was kann ich auf dieser
Rundfahrt sehen?

불 : Quest-ce que je peux voir
avec ce circuit ?

일 : どこを廻るのですか.

중 : 周游一些什么地方呢？

152. 몇 시간 걸립니까?

영 : How long does the tour

take ?

독 : Wie lange dauert diese

Rundfahrt ?

불 : Combien de temps faut-il

pour faire ce circuit ?

일 : 何時間かかりますか.

중 : 得几个鈡周一周 ?

153. 몇 시 발 입니까?

영 : When does it start?

독 : Wann beginnt sie?

불 : A quelle heure est le départ
du circuit?

일 : 何時発ですか.

중 : 几点钟出发呢?

◇회화를 위한 기본 단어
● 동상⇨〔영〕statue(스태튜). 〔독〕die St-
atue(디 쉬타투에). 〔불〕la statue(라 스
따뛰). 〔일〕彫像(쪼우조우). 〔중〕雕象
(따오샹)

154. 어디로 나갑니까?

영 : Where does it start?

독 : Wo fährt er ab?

불 : Ou commence ce circuit?

일 : どこから出ますか.

중 : 從哪儿出发?

◇회화를 위한 기본 단어
- 핸드백⇨〔영〕hadbag(핸드백).　〔독〕die Handtasche(디 한트타셰). 〔불〕le sac a main(르 사끄 아 멩). 〔일〕ハンドバック(한도바꾸). 〔중〕手提包(쇼우티빠오)
- 육지⇨〔영〕land(랜드). 〔독〕das Land (다스 란트). 〔불〕la terre(라 떼르). 〔일〕陸(리꾸). 〔중〕陸地(루띠)

155.　저것은 무엇입니까 ?

영 : What is that ?

독 : Was ist das ?

불 : Qu'est-ce que c'est que ca ?

일 : あれは何ですか.

중 : 那是什么 ?

156. 어느 때 것입니까?

영 : How old is it ?

독 : Wie alt ist es ?

불 : De quelle epoque est-ce ?

일 : いつ頃のものですか.

중 : 是什么时代的呢?

◇회화를 위한 기본 단어
- 빗⇨〔영〕comb(코움). 〔독〕der Kamm (데어 캄). 〔불〕le peigne(르 뻬뉴). 〔일〕くし(구시). 〔중〕梳子(슈즈)
- 장갑⇨〔영〕gloves(글러브). 〔독〕die Handschuhe(디 한트슈에). 〔불〕les gants (레 강). 〔일〕手袋(데부꾸로). 〔중〕手套 (쇼우타오)

157. 오페라는 어디서 볼 수 있읍니까?

영 : Where can I see an opera?

독 : Wo kann ich eine Oper

sehen?

불 : Ou puis-je voir un opéra?

일 : オペラ はどこで見られますか.

중 : 我問在哪儿看得到 歌剧 呢?

◇회화를 위한 기본 단어
● 지난주(전주) ⇨ 〔영〕last week(라스트 위크). 〔독〕letzte Woche(레츠테 보헤). 〔불〕la semaine dernière(라 스멘 데르니에르). 〔일〕先週(센슈우). 〔중〕上星期(샹 싱 치)

158. 개막 (종막)은 몇 시 입니까 ?

영 : What time does the perfor-
mance begin 〔end〕 ?

독 : Um wieviel Uhr beginnt
〔endet〕die Vorstellung ?

불 : A quelle heure la représen-
tation commence〔finit〕t-elle?

일 : 開演〔終演〕は何時ですか.

중 : 几点钟开演 (演完) 呢 ?

159. 여기서 사진을 찍어도 좋습니까?

영 : May I take pictures here?

독 : Darf ich hier fotografieren?

불 : Peut-on prendre des photos

ici?

일 : ここで写真を撮ってもいいですか.

중 : 我在这儿可以照像吗?

◇회화를 위한 기본 단어
 ●흰색⇨〔영〕white(화이트). 〔독〕weiß(바이스). 〔불〕blanco(블랑꼬). 〔일〕白(시로). 〔중〕白色(빠이서)

160. 미안합니다만 셔터를 눌러 주시겠읍니까?

영 : Would you mind pressing this shutter for me?

독 : Würden Sie bitte für mich den Auslöserknopf drücken?

불 : Pardon. pourriez - vous prendre la photo?

일 : すみませんがシャッターを押して下さい.

중 : 請你給我按一按这个快門吧.

161. 나하고 같이 찍으시겠읍니까?

영 : Would you mind posing with me ?

독 : Würden Sie sich mit mir fotografieren lassen ?

불 : Voudriez-vous poser avec-moi ?

일 : 私と一緒にカメラに入って下さい.

중 : 請你跟我一块儿照像吧.

162. 〜는 어디서 살 수 있읍니까?

영 : Where can I buy〜?

독 : Wo kann ich 〜 kaufen?

불 : Où puis-je acheter〜?

일 : 〜はどこで買えますか.

중 : 〜在哪里可以買得到?

163.　～을 사고 싶어요.

영：I want to buy～.

독：Ich möchte～kaufen.

불：Je désire acheter～?

일：～を買いたい.

중：我要買～.

◇회화를 위한 기본 단어
- 복숭아⇨〔영〕peach(피치). 〔독〕der Pf-irsch(데어 프피르지히). 〔불〕la pêche (라 뻬시). 〔일〕桃(모모). 〔중〕桃子(탸오즈)
- 바나나⇨〔영〕banana(버나너). 〔독〕die Banane(디 바나네). 〔불〕la banane (라 바나느). 〔일〕バナナ(바나나). 〔중〕香蕉(샹자오)

164. 다른 것을 보여 주세요.

영 : Show me another one.

독 : Bitte zeigen Sie mir etwas anderes.

불 : Montrez-m'en un autre.

일 : ほかのを見せて下さい.

중 : 給我看看別的東西吧.

◇회화를 위한 기본 단어
● 다음주(내주) ⇨ 〔영〕next week(넥스트 위크). 〔독〕nächste Woche(네크스테 보헤). 〔불〕la semaine prochaine(라 스멘 쁘로셴). 〔일〕來週(라이슈우). 〔중〕下星期(샤싱치)

165. 더 좋은 〔싼〕 것이 있읍니까?

영 : Show me a better 〔cheaper〕 one ?

독 : Zeigen Sie mir bitte et was Besseres 〔Billigeres〕 ?

불 : Montrez-moi quelque chose de mieux 〔moins cher〕 ?

일 : もっとよい〔安い〕のがありますか.

중 : 有没有好〔便宜〕点儿的.

166. 이것을 사겠읍니다.

영 : I will take this.

독 : Ich nehme diesen.

불 : Je prendrai ceći.

일 : これをもらおう.

중 : 給我这个吧.

167. 비싸요. 깎을 수 없읍니까?

영 : That is too expensive. Can't you make it cheaper ?

독 : Das ist zu teuer. Können Sie es nicht billiger machen?

불 : C'est trop cher. Pourriez-vous baisserle prix ?

일 : 高すぎる. まかりませんか.

중 : 太貴啊, 能不能少算点儿.

168. 모두 얼마 입니까?

영 : How much is that altogether?

독 : Wieviel kostet das zusam

men ?

불 : Combien en tout ?

일 : 全部で幾らですか.

중 : 一共多少錢呢?

◇회화를 위한 기본 단어
● 치솔⇨〔영〕toothbrush(투스브러시).〔독〕
die Zahnbürste(디 짜안뷔르스테).〔불〕
la brosse a dents(라 브로스 아 당).
〔일〕歯ブラシ(하부라시).　〔중〕牙刷(야
솨)

169. 계산이 안 틀렸읍니까?

영 : Isn't there a mistake in
the bill? Will you please
check it?

독 : Ist da nicht ein Versehen
in der Rechnung ? Bitte
rechnen Sie einmal nach.

불 : N'y a-t-il pas d'erreur
dans la facture ?
Voulez-vous verifier ?

일 : 計算が違っていませんか, もう
一度確かめて下さい.

중 : 这个帐算得不对, 是不是?
請再算一回吧.

◇회화를 위한 기본 단어

● 보석점⇨〔영〕jewelry shop(주얼러리 숍)
〔독〕der Juwelierladen(데어 주벨리를라
덴). 〔불〕la bijouterie(라 비주뚜리).
〔일〕宝石店(호오세끼뗑). 〔중〕宝石店(빠
오시뗸)

● 장난감 가게⇨〔영〕toy shop(토이 숍).
〔독〕der Spielzeugladen(데르 쉬필쪼이
크라뎬). 〔불〕la boutique de jouete (라
부띠끄 드 즈외). 〔일〕おもちゃ属(오모
쨔야). 〔중〕玩具店(완쮜뗸)

● 서점⇨〔영〕book store(북 스토어). 〔독〕
die Buchhandlung(디 부흐한틀룽). 〔불〕
la librairie(라 리브레리). 〔일〕本屋(혼
야). 〔중〕書店(슈뗸)

170. 이것을 바꾸어 주시겠읍니까 ?

영 : Can I have this changed ?

독 : Könnte ich das geändert

haben ?

불 : Pouvez-vous changer ceci ?

일 : これを取りかえてくれますか.

중 : 給我退換这个東西, 好不好 ?

◇회화를 위한 기본 단어
● 치약⇨〔영〕toothpaste (투스페이스트).
〔독〕die Zahnpasta (디 짜안파스타).
〔불〕la pate dentifrice (라 빠뜨 당띠프
리스).　〔일〕歯みがき (하미가끼).　〔중〕
牙膏 (야까오)

171. 이것과 같은 것이 있읍니까 ?

영 : Do you have one like this ?

독 : Haben Sie einen wie diesen ?

불 : En avez-vous un pareil ?

일 : これと同じ物がありますか.

중 : 有没有跟这个一样的東西呢 ?

172. 이 시계를 수리해 주세요.

영 : Please repair this watch.

독 : Reparieren Sie bitte diese Uhr.

불 : Pouvez-vous reparer cette montre ?

일 : この時計を修理して下さい.

중 : 請你修理这个表吧.

◇회화를 위한 기본 단어
- 검은색⇨〔영〕black(블랙). 〔독〕schwarz (쉬바르쯔). 〔불〕noir(노와르). 〔일〕黑 (구루). 〔중〕黑色(헤이서)

173. 구두를 닦아 주십시오.

영 : Please clean my shoes.

독 : Putzen Sie bitte meine Schuhe.

불 : Nettoyez mes souliers, s'il vous plâit.

일 : 靴を磨いて下さい.

중 : 給我擦擦这双鞋.

◇회화를 위한 기본 단어
● 빨강⇨〔영〕red(레드). 〔독〕rot(로뜨).
〔불〕rouge(루지). 〔일〕赤(아까).〔중〕紅色(홍서)

174.　머리만 깎아 주세요.

영 : A haircut only, Please.

독 : Haarschneiden, bitte.

불 : J'ai seulement besoin de me
faire couper les cheveux.

일 : 散髪だけして下さい.

중 : 只給我剪頭发就好.

◇회화를 위한 기본 단어
● 한국⇨〔영〕Korea(코리아). 〔독〕die Republik Korea(디 레푸블릭 코레아).
〔불〕Corée(꼬레). 〔일〕韓國(강고꾸)
〔중〕韓國(한꿔)

175. 이 머리 모양으로 해주세요.

영 : Make it the same style
please.

독 : Den gleichen Stil, bitte.

불 : Dans le meme style.

일 : この髪型にして下さい.

중 : 梳成这个髮型吧.

◇회화를 위한 기본 단어
● 영국⇨〔영〕Great Britain(그레이트 브리
튼). 〔독〕Groß britannien(그로스 브리
타니엔). 〔불〕l'Angleterre(랑글떼르).
〔일〕英國(에이고꾸). 〔중〕英國(잉꿔)

176. 이 카메라에 필름을 넣어 주세요.

영 : Please put a roll of film
in this camera.

독 : Bitte legen Sie einen Film
in diesen Fotoapparat ein.

불 : Mettez une pelicule dans
l'appareil.

일 : このカメラにフィルムをセットして下さい.

중 : 把一个膠片給我裝在这个照
相机里吧.

◇회화를 위한 기본 단어
- 파랑⇨〔영〕blue(블루).〔독〕blau(블라우)〔불〕bleu(블뢰).〔일〕青(아오).〔중〕藍色(란서)
- 노랑⇨〔영〕yellow(옐로우).〔독〕gelb(겔프).〔불〕jaune(존).〔일〕黃色(기이로).〔중〕黃色(황서)

177. 이것을 현상해 주세요.

영 : Develop this film please.

독 : Entwickeln Sie bitte biesen Film.

불 : Developpez ce film.

일 : これを現像して下さい.

중 : 把这个膠卷給我显象吧.

◇회화를 위한 기본 단어
- 갈색⇨〔영〕brown(브라운).　〔독〕braun(브라운).　〔불〕brun(브룅).　〔일〕茶(짜)　〔중〕茶色(차서)
- 분홍⇨〔영〕pink(핑크).　〔독〕rosa(로자)　〔불〕rose(로즈).　〔일〕ピンク(삥꾸).　〔중〕粉紅色(펀홍서)

178. 전보 용지를 주세요.

영 : Give me a telegram blank,
please.

독 : Bitte, geben Sie mir ein
Telegrammformular.

불 : Donnez-moi un formulaire
de télégramme, s'il vous
plaît.

일 : 賴信紙を下さい.

중 : 給我一張電報紙.

179. 이 전보를 쳐 주세요.

영 : Send this telegram, please.

독 : Bitte, schicken Sie dieses

Telegramm.

불 : Expediez ce telegrammme,

s'il vous plait.

일 : この電報を打って下さい。

중 : 給我打这張電報吧。

◇회화를 위한 기본 단어
- 중국⇨〔영〕China(차이나). 〔독〕China (키나). 〔불〕Chine(신). 〔일〕中國(주우 고꾸). 〔중〕中國(쭝꿔)

180. 일본에 국제 전보를 치고 싶습니다.

영 : I want to send a cable to Japan.

독 : Ich möchte ein Telegramm nach Japan schicken.

불 : Je désire aupédier un câble au Japon.

일 : 日本へ国際電報を打ちたい.

중 : 我要往日本打一張国際電報.

기초 5개국어 회화

2018년 5월 25일 인쇄
2018년 5월 30일 발행

지은이 / 편   집   부
펴낸이 / 최   상   일

펴낸곳 / 太乙出版社
서울특별시 중구 신당6동 52-107 (동아빌딩내)
등록 / 1973년 1월10일(제4-10호)

■ 주문 및 연락처

우편번호 ①⓪⓪-④⑤⑥
서울특별시 중구 신당6동 52-107 (동아빌딩 내)
전화 / 2237-5577 팩스 / 2233-6166

ISBN 89-493-0143-1   13700